José Antonio Flores

FRAGMENTOS DE ROMA

Flores, José Antonio
    Fragmentos de Roma. - 1a ed. - Ciudad Autónoma de Buenos Aires : Diseño, 2014.
    210 p. : il. ; 21×15 cm. - (Textos de arquitectura y diseño / Marcelo Camerlo)

    ISBN 978-987-3607-53-0

    1. Arquitectura. 2. Historia. I. Título
    CDD 720.9

Textos de Arquitectura y Diseño

Director de la Colección:
Marcelo Camerlo, Arquitecto

Diseño de Tapa:
Liliana Foguelman

Diseño gráfico:
Karina Di Pace

José Antonio Flores

FRAGMENTOS DE ROMA

diseño

FRAGMENTOS DE ROMA

A Antonio

ÍNDICE

PALIMPSESTO ROMANO

Alberto Campo Baeza

Escribir un prólogo a un texto tan maravilloso como lo es éste
de José Antonio Flores es un regalo. Con el título *Fragmentos de
Roma*, recoge su paso por la Academia de España en Roma como
pensionado de Arquitectura. Y cual si de un palimpsesto vivo se
tratara, el autor escribe sobre temas bien conocidos, pero de una
manera tan sugerente que pareciera que son nuevos todos ellos.
Y es que es nueva la manera en la que José Antonio Flores nos
muestra aquel tesoro.

Comienza el autor con un índice donde cada epígrafe destapa un
sinfín de perfumes capaces de provocar a nuestra memoria; una
memoria repleta de todos los recuerdos que Roma evoca en quienes
la hemos visitado. Roma era, es y siempre seguirá siendo la ciudad
más intensa del mundo. El autor compara su larga estancia allá a
un «viaje al centro de la tierra». Bien sabe él que allí en el Campidoglio la tierra, de la sabia mano de Miguel Angel, ha emergido para
siempre. Compruébenlo en su próximo viaje a Roma. Llévense este
texto de Flores junto con las *Meditaciones* de Marco Aurelio, en
inglés (sobre mi mesa tengo un Penguin Boook editado en 2004 con
Meditations, que siempre llevo conmigo). Y pónganse en el mismí-
simo centro de esa más que plaza, junto a la preciosísima estatua
ecuestre del emperador romano. Y lean allí algunos de estos textos,
fragmentarios ambos, y cuéntenmelo luego. «Que nadie ante él se
sintiera inferior» nos dice el emperador. Y repica Flores: «la buena
arquitectura no es de nadie». Sin comentarios.

Y si el Panteón aparece en varios capítulos, como no podía ser
menos, Santo Stefano rotondo, Santa Sabina, Santa Cecilia y Santa
Maria en el Trastevere le acompañan adecuadamente. Y Santa Constanza y Sant'Ivo alla Sapienza y hasta el muro del Pecile. Y no podían
faltar las joyas luminosas de Bernini: la capilla de la Beata Albertoni
y la de Santa Teresa.

Claro que el fragmento de la nieve, cayendo en el interior del Panteón y desapareciendo sin llegar a tocar el suelo, no tiene precio.
Sabe bien el autor que las palabras tan evocadoras de Dante en la
Divina Comedia que él cita: «Come di neve in Alpe senza vento», son
las mismas que Italo Calvino, en sus *Seis propuestas para el próximo
milenio*, afirma estar tomadas de un verso de Cavalcanti: «E bianca

neve scender senza venti». Pues en una tercera lectura, Flores se atreve a hacerlas suyas para escribir una página verdaderamente memorable. Deléitense en leer despacito este fragmento.

A mí me recuerda la escena de la lluvia finísima cayendo a través del óculo del Panteón sobre el Conde Valerio, el protagonista de un precioso cuento de Henry James, cuando es descubierto arrodillado dentro del Panteón tocado por la sola luz de la luna y las gotas de lluvia que caen sobre él. Claro que Henry James, para acentuar la escena describe un Panteón en ruinas y abierto.

No sé si la descripción de Flores es más hermosa que la de Henry James. Pero sí sé que es un texto maravilloso de alguien que entiende y ama profundamente la arquitectura.

Y si el autor comienza dando razones de estos 'fragmentos romanos', acaba con un "viaje de vuelta" que no tiene desperdicio. Da todo tipo de explicaciones del "viaje a Roma", el que se llamaba entre los arquitectos de antes como 'el viaje' por antonomasia. Porque si hoy es imprescindible el viaje a Nueva York, también sigue siendo imprescindible el viaje a Roma.

Hay que reconocer a José Antonio que el original sistema de trocear el libro en muchos y muy pequeños capítulos es de una gran eficacia. Es lo mismo que hacen algunos poetas en sus libros de poemas. Y como si de los fragmentos de una excavación arqueológica se tratara, va recolectando los más hermosos fragmentos de la ciudad más hermosa. Y hermosura sobre hermosura, los arrejunta en su libro como si de un 'antiquarium romano' se tratara. Como los trozos más escogidos de las estatuas romanas se colocan todas sobre una pared a modo de *collage* de la Historia. E inmediatamente, por mor de estar juntos, todos los trozos se ponen en valor, aumentan aún más su valor. Y tras la lectura de esos fragmentos, uno a uno, nos llegamos a conmover profundamente. No en vano dice su autor que, tras la experiencia romana, «es imposible seguir siendo el mismo».

Hay que reconocer que el libro no sólo está escrito con una extrema devoción por Roma, sino, además, con un muy buen estilo literario. Desde su arranque, donde nos resume todo como «un sueño cumplido», hasta cuando nos describe «cómo el sol se hunde tras la colina del Gianicolo». Hasta las líneas en las que nos convence de que «es una experiencia no para el éxtasis detenido en la apariencia sino para una reflexión sobre la forma». Una reflexión sobre la forma que evoca la definición de Santo Tomás de Aquino de la Belleza como 'splendor formae'; que, de alguna manera, nos lleva a la arquitectura.

Como el propio autor declara: "no es un diario, sino un manual, un *enchiridion* de primeros auxilios en Roma", para todos los que allí hemos quedado heridos para siempre.

Alberto Campo Baeza
Madrid, julio de 2014

N.B. Cuando escribo estas letras suena en el aire de mi estudio el *Miserere* de Allegri. Una obra sublime capaz de 'colocarnos' mejor que una botella del mejor Chianti. Suena la voz absoluta de Roy Godman, que es capaz de escalar y sostener las notas de Allegri con un aire divino. El CD es de Decca y lo interpreta el King's College.

El *Miserere* lo compuso Allegri en Roma por encargo del Papa, que amenazó con excomulgar a quien se atreviera a copiarlo; tan bella era la composición. Mozart, con sólo 14 años, estaba en Roma durante la Semana Santa de 1770 y, tras una sola audición, en un Miércoles Santo, transcribió la obra completa de memoria. ¿Cómo podría uno escribir sobre Roma, la Roma que José Antonio Flores nos ofrece en su texto maravilloso, sino teniendo como fondo el *Miserere* de Allegri? Les recomiendo vivamente que, cuando lean este precioso libro, lo hagan junto a Allegri, a su *Miserere* romano. Me lo agradecerán.

1.

POR QUÉ ESTOS FRAGMENTOS

«De pronto, al ponerme una de aquellas gafas y abrir los ojos, lo
vi todo distinto, y era como si de verdad lo hubiesen extraído todo
de debajo del mar, y tuve miedo porque parecía que yo también
surgía de algún sitio en el que siempre había estado escondido
y ahora me encontraba fuera de mi escondrijo, descubierto. Me
dijeron que al ponerme las gafas los ojos se me abrieron, se
me hicieron un poco más grandes y las pupilas parecía que me
rozaban las lentes. Eso me dijeron, y eso pensé yo al verme en
un espejo, que mis ojos eran unos peces pegados al cristal de su
pecera mirando el mundo.»

Antonio Soler, *El nombre que ahora digo*.

1.1 Piazza Navona

Roma fue un sueño cumplido después de haberlo soñado larga-
mente; una de esas cumbres alcanzadas tras estar largo tiempo
rodeándolas. Para ir fue preciso contar con una excusa convin-
cente. Era cuestión de convencer a quienes iban a patrocinar
aquel viaje. Sin embargo, las razones aducidas entonces eran
sólo eso, excusa para acceder al beneplácito de los mecenas.
Las verdaderas razones eran muchas más, muchísimas más que
aquellas otras. Así debieron comprenderlo en el Patronato de la
Real Academia de España en Roma, pese a que todos fingiesen
que lo más interesante era el proyecto de la tesis doctoral que
precisaba, como precisó, de un periodo de investigación romano.
La colección de textos que, pasados los años, se presenta aquí,
compendiados bajo el título de 'Fragmentos de Roma' es esclare-
cedora al respecto.

La Beca de Roma, como ahora se llama al pensionado de artistas,
arquitectos e investigadores en la Real Academia de España en
Roma es mucho más que una beca al uso. Vivirla consciente de
ese valor de 'viaje al centro de la tierra', irrepetible, catártico, es
algo inolvidable. Volver sobre esa experiencia, mirada con el poso
de tranquilidad que dan los años, es darse cuenta del enorme valor
de aquella estancia para quien tuvo la suerte de vivir durante un
curso académico a los pies mismos del Templete de Bramante.
Baste sólo recordar cómo llega el abate Pierre Froment a Roma,
contado por Zola, desde Termini a la puerta misma del Templete
para mirar desde allí la ciudad dorada durante los cuatro o cinco
minutos últimos de la tarde, cuando el sol se hunde tras la colina
del Janículo.

Roma puede con todo, con todas las expectativas que se llevan en
las maletas al partir. Tiene tanto que ofrecer, tanto de lo que aprender, que es imposible mantenerse sordo, ciego, despistado. Es
imposible no escuchar lo que le dice insistentemente; y si se hace,
de poco ha servido el viaje tan largo y es un fraude a la confianza
del patrocinio del Patronato. Es imposible no dejarse seducir por
la ciudad, por sus calles, plazas, edificios. No se puede oponer
resistencia; no tiene sentido hacerlo. Hay que dejar que Roma entre

por todos los poros de la piel hasta hacerte romano. Resistirse, ser indiferente, no dejar entrar a la ciudad, es irse sin haber entendido absolutamente nada.

Lo principal ante la 'Beca de Roma' es entender que tu tarea es empaparte de Roma, fue el sabio consejo que me dio la profesora Helena Iglesias antes de embarcarme en el periplo romano. Trabaja y cumple aquello que dijiste que ibas a hacer y por lo cual te han hecho el inmenso regalo de darte alojamiento en la Academia, me dijo. Sin embargo, añadió –y fue el mejor consejo que me dieron antes de irme–, ni se te ocurra volverte sin escuchar todo lo que Roma tiene que contarte. Empápate de la ciudad, deja que haga efecto en ti; llénate de Roma. ¡Qué buen consejo! Entonces se lo agradecí, ahora no tengo por menos que volverlo a hacer porque mi estancia en la Academia de España en Roma, vista ya desde la distancia, fue una verdadera catarsis.

Conviene, pues, al que va a Roma tener los ojos bien abiertos; con atención y curiosidad constantes. Y entonces, le pasará como a ese chico de la novela de Antonio Soler que por vez primera se pone las gafas y descubre que con ellas se ve todo mejor, se perciben mejor todos los detalles, hasta los más pequeños. Entonces, sus ojos se convertirán en dos peces curiosos asomados al cristal de la pecera para descubrir el mundo.

Estar en Roma es pasar sobre caminos ya antes transitados, aunque en la lejanía. Mas es éste un pasar detenidamente, de contemplación, de reflexión. Para un arquitecto es razón de necesidad el contacto con la ciudad porque le permite volver sobre temas esenciales de arquitectura que están vivos en sus calles, en sus edificios. Por eso sigue teniendo vigencia para los arquitectos viajar a la Academia de España en Roma. No para encontrarse con una modernidad que no existe allí a pesar de todo, sino para reencontrarse con los temas de la arquitectura que no pasan porque son atemporales, porque pertenecen al hombre y no a la historia. Por eso el arquitecto que va a la Academia tiene que bajar a la ciudad y perderse por sus calles y en sus edificios y mirar atentamente todo con los ojos bien abiertos.

Visitar una y otra vez el Panteón es una de las impagables experiencias de estar en Roma. Con voluntad y atención constantes se descubren muchos temas de arquitectura cuyo interés va más allá de las formas y de los que se puede aprender indudablemente mucho: la luz, la escala, la materia, el tiempo, la proporción. Temas que, teniendo siempre relación con el hombre mismo, no pierden su vigencia mientras el hombre sea.

De todo lo que a uno le sucede estando en Roma, que no es poco, queda latiendo algo dentro. En algún momento germinará y se manifestará. De qué forma, lo ignoro ahora. Lo que sí sé es que la beca de Roma (el *Premio de Roma*, como se decía en tiempos) es una experiencia memorable, de las que dejan profunda huella; indeleble. Es imposible seguir siendo el mismo después de Roma. Hay algo que afortunadamente cambia dentro de forma irreversible.

Algo de esta personal experiencia romana, muy poco ciertamente, es lo que se pretende contar ahora al recopilar los textos que se escribieron entonces y los que fueron escritos después algo más pausadamente; publicados todos ellos en diversos medios a lo largo de estos años. Con la intención de que aprovechen se compilan ahora todos juntos y, revisados, se publican como estos 'fragmentos de Roma'.

Sin embargo, conviene también tener presente la advertencia de Le Corbusier:

> «La lección de Roma es para los sabios, para los que saben y pueden apreciar, los que pueden resistir, los que pueden controlar. Roma es la perdición de los que saben poco. Llevar a Roma a los estudiantes de arquitectura es lisiarlos para toda la vida. El Gran Premio de Roma y la Villa Medici son el cáncer de la arquitectura francesa.»[1]

[1] Le Corbusier (1923): *Vers une architecture*, París; versión española: *Hacia una arquitectura*, Buenos Aires: Poseidón, 1964, p. 140, traducción de Josefina Martínez Alinari.

Porque la de Roma es una experiencia para meditar sobre el valor de la enseñanza de la historia y de la arquitectura en sentido lato. La de Roma para un arquitecto actual es una experiencia no para el éxtasis detenido en la apariencia, sino para una reflexión sobre la forma; sobre la expresión construida de grandes ideas que nunca pasarán porque pertenecen al gran ideario de la arquitectura.

2.

BAJO EL CIELO DE LA CÚPULA

Este texto fue publicado en su versión original en Montalvo, D.; Flores, J.A.; Conde, J. *et al.*: *Plan B*, Madrid: Hablar en Arte, 2010 como parte de la aportación a la exposición fin de estancia en la RAER, 2010; ahora se publica en versión revisada.

2.1 Nevando en el interior del
Panteón de Agripa

«Sovra tutto il sabbion, d'un cader lento
Piovean di fuoco dilatate falde,
Come di neve in Alpe senza vento.»

DANTE ALIGHIERI, *La Divina Comedia*,
versión de Giovanni Marchetti, 1820, Ed. Bibliobazaar, Roma.
Inferno, Canto XIV, versos 28-30

(Por todo el arenal, muy lentamente,
llueven copos de fuego dilatados,
como nieve en los Alpes si no hay viento.)

Cae la nieve sobre Roma. Blanco espectáculo de cúpulas y tejados desde el balcón privilegiado de la Academia. Nieva lentamente sobre la ciudad eterna, que se va vistiendo con un ligero manto blanco.

Es sin duda ocasión de visitar el Panteón. Es bien digno de ser vivido el espectáculo. Una experiencia memorable.

Cae la nieve *sotto il cielo aperto della cupola*. Y se opera el milagro dentro de esta máquina perfecta. A través del óculo divino caen los copos blanquísimos, ligeros, dilatados en el tiempo. Caen justamente, como cuenta Dante en la *Divina Comedia*, en una dilación que habla de un orden temporal al que no estamos acostumbrados. Este caer pausado habla de un tiempo que toma una dimensión más allá de la humana.

El caer de la nieve 'a cámara lenta' dentro del Panteón es indicio de que allí el tiempo alcanza un orden divino. Los copos ligeros suspendidos en el aire sin viento hablan de una dimensión temporal que se escapa a nuestra cotidiana experiencia. Porque la nuestra, la del tiempo humano, es la de la atrevida gota de agua que se condensa en la cornisa del óculo y cae periódicamente con precisión matemática.

La gota de agua que cae intermitentemente resbala por el borde y nos da noción de un tiempo que conocemos porque es al que estamos sujetos. La atrevida gota de agua nos habla de la gravedad a que estamos indefectiblemente sometidos. Es la física de los cuerpos atraídos por la Tierra. Es la física de los cuerpos al caer, de la que se escapa la nieve que atraviesa el óculo.

Los copos de nieve en suspensión, que no llegan al suelo y no hacen manto blanco, hablan de un orden temporal bien distinto al que estamos acostumbrados. A través de la puerta abierta se ve en el exterior caer con insistencia la nieve. Cae fuera a una velocidad y en una cantidad que impresiona desde dentro sometido a la increíble sensación de detención del tiempo. En el interior caen los copos dilatadamente. Se desvanecen en su caída y mueren antes de besar el frío suelo. Sólo los copos elegidos que son atrapados por el óculo de esta máquina perfecta entran en un orden divino. Se detiene el tiempo y un instante se hace eterno.

2.2 Infierno, canto XIV,
por Gustave Doré

Y se hace inevitable entonces pensar que la arquitectura está
construida de ideas que permanecen más allá de las modas; más
allá incluso del hombre que llegó a construirlas. Así que la buena
arquitectura no es de nadie, como las ideas, sino que pertenece por
siempre al hombre mientras lo siga siendo. Y es entonces cuando
se toma conciencia de no ser nada en esa dimensión del tiempo
inalcanzable; sólo espectador fugaz, un solo hombre.

3.

LUX PANTHEI

Este texto fue publicado en su versión original en Montalvo, D.; Flores, J.A.; Conde, J. *et al.*: *Plan B*, Madrid: Hablar en Arte, 2010 como parte de la aportación a la exposición fin de estancia en la RAER, 2010; ahora se publica en versión revisada.

«La sentinella se ne va. Il suo dovere è finito. Scampato pericolo. Si spegne nel tramonto l'icona che ancora una volta non è riuscita a diventare sacra. Tutto per quell'ometto e i suoi pennelli. E ora che se n'è andato, non c'è più tempo. Il buio sospende tutto. Non c'è nulla che possa, nel buio, diventare *vero*.»

Alessandro Baricco. Oceano mare.

(El guardián se va. Su deber ha terminado. Escapa del peligro. Se apaga en el atardecer la imagen que, una vez más, no ha logrado convertirse en sagrada. Todo para aquel hombrecillo y sus pinceles. Y ahora que se ha ido, ya no hay más tiempo. La oscuridad lo suspende todo. No hay nada que pueda, en la oscuridad, convertirse en *verdadero*.)

3.1 El cilindro macizo de luz hacia la puerta del Panteón de Agripa

La luz tiene la gran capacidad de hacernos perceptible el mundo
donde habitamos, del que formamos parte todos estando juntos
y que transformamos continuamente. A través de ella la realidad
adquiere forma perceptible, por eso nada hay en la oscuridad que
pueda convertirse en verdadero. Siendo inmaterial, la luz da vida
a la materia, la hace vibrar. En la absoluta oscuridad todo es caos,
nada hay que pueda ser diferenciado. Con la luz el ojo es capaz de
distinguir y de comprender, separando e identificando formas, colores, dimensiones, escala. La luz hace posible que se sea capaz de
relacionar, de aprender, de conocer. En el proceso de iluminación de
los cuerpos el ojo asimila y el cerebro comprende aquello que puede
ser la realidad en la que vive y es capaz de formarse una idea del
espacio, que en la oscuridad es imposible de captar. La luz es conocimiento. Eso sí, como bien decía Louis I. Kahn, para que la luz sea
conocimiento es preciso, no obstante, que haya algo de sombra.

Además de permitirnos la experiencia de lo real, el conocimiento del
mundo donde vivimos, la luz da cuenta del paso del tiempo sobre las
cosas. La luz construye el tiempo, hace que tomemos consciencia
de su transcurrir. Porque la vida no existe sin ella y, si existe, nos es
difícil percibirla. Y la vida no es otra cosa que un transcurrir conti-
nuado hacia un no sé dónde, pero transcurrir al fin y al cabo.

Fijándose en este concepto de la luz se puede hacer una lectura
del Panteón como una 'máquina perfecta' donde los rayos del sol,
cada mañana, caen atrapados en su recorrido cotidiano dando vida
al mundo. La operación arquitectónica es bien sencilla. Se trata de
construir un vacío donde crear la penumbra y abrir en su cénit un
hueco. Ese hueco es ojo en la oscuridad construida para atrapar en
él la luz que el sol radia sobre la tierra cada día. Así, el sol se pasea
por el interior dando cuenta del paso del tiempo con su rastro inmaterial, que se hace visible de una forma impresionante.

Esta máquina solar es una cueva construida por el hombre; tal vez
un recuerdo del refugio primitivo. Esta máquina solar es una masa
estereotómica vacía en su interior. Su esencia es crear un vacío
interno para que en él la luz se haga materia. Fuera el sol, en riguro-
so desierto, lo llena todo con su cegadora presencia. Dentro la luz
se hace materia porque al pasar por el óculo de la cúpula y llegar a

la penumbra del interior toma carácter material. La luz que atraviesa el óculo del Panteón es divina porque a veces, sólo a veces, se hace sólida después de haber pasado por el óculo. Y ese, en parte, es el milagro que nos conmueve al ser testigos de él, maravillados: cómo la luz, inmaterial, por un artificio tan sencillo ideado por una mente humana, 'se hace' materia sólida.

El haz luminoso que entra en el Pantheon es una porción de la luz que inunda todo en el exterior. La luz cegadora fuera, sin cuerpos a los que iluminar y que dan sombras, lo quema todo y crea desierto. El milagro es el espectáculo de ver cómo la luz, inmaterial, se hace sólida y recorre la penumbra logrando lo imposible. Lo intangible que se convierte en sólido en el interior del Panteón. El haz de luz se hace material, se convierte en cilindro blanquísimo en la penumbra del interior, que casi se puede tocar con sólo ser atrevido y no quedar paralizado ante el espectáculo milagroso. Un cuerpo sólido hecho de algo inmaterial que en su recorrido diario, de una velocidad asombrosa, nos da cuenta visiblemente del paso inexorable del tiempo y de su carácter cíclico.

La luz que quema. La oscuridad construida. Un hueco en la oscuridad para que el rayo entre. Y el rayo que, inmaterial, se hace sólido, deviene en materia sólida. Es tiempo que pasa; tiempo que pasa y basta.

Es por esto que hay algo en la arquitectura que va más allá de las formas, del aspecto epidérmico. El Panteón, perdidos todos sus revestimientos originales, sigue funcionando hoy (tantos siglos después de que fuese ideado) con la misma perfección con que fue creado. Porque lo que pasa dentro tiene que ver con la experiencia de los sentidos humanos. Se trata de una experiencia humana que durará tanto como el hombre dure, si la materia no cede y desaparece antes. Bien fundidos pueden estar aquellos bronces de la cúpula hechos cañones o en baldaquino que cubre la tumba aquella. La máquina sigue funcionando con exacta precisión mientras el sol y la tierra y el Panteón existan. Y la luz sigue convirtiéndose en un espectáculo sacro al pasar cada día por la oscuridad del vacío construido, marcando el devenir del tiempo humano. Es intrascendente que el edificio sea ahora una iglesia o lo que pueda ser en el futuro. Lo que importa es de otro orden. Lo que importa es la luz que se

3.2 Interior del Panteón de Agripa
una mañana de marzo

hace sólida e ilumina desde lo alto en la penumbra, invistiendo de divinidad a quien, osado, se atreve a colocarse dentro mismo del cilindro sólido de luz. Y eso durará mientras esté el óculo abierto al cielo sobre la cúpula; y mientras el hombre sea hombre, y hombre sensible, pues se trata de la experiencia humana ante el espacio y ante la luz.

Ante un espectáculo como éste, no se puede menos que pensar en lo poco que una vida dura. Imposible atinar aquello que pueda ser la eternidad. Imposible pensar el infinito salvo por la pervivencia de las grandes ideas, cuyo ser va ligado íntimamente a la experiencia del hombre con el espacio y con el tiempo; lo cual las hace intemporales.

4.

UNA LUZ PARTICULAR

Este texto fue publicado en su versión original en Montalvo, D.; Flores, J.A.; Conde, J. *et al.*: *Plan B*, Madrid: Hablar en Arte, 2010 como parte de la aportación a la exposición fin de estancia en la RAER, 2010; ahora se publica en versión revisada.

4.1 Interior de Santo Stefano rotondo
al monte Celio

Tal vez sin aspecto atrayente, Santo Stefano rotondo se eleva con
su fábrica tosca de ladrillo sobre el monte Celio olvidado de casi
todos. Sin vocación de monumentalidad, se muestra como simple
edificio de modesta escala. Tan sólo son dos cilindros concéntri-
cos, de mayor altura el interior. Al exterior un cierto aire de decrepitud. Quizás por ese aire decrépito no tiene casi visitantes; mejor,
así se aprecia más tranquilamente el espectáculo interior, que se
pierden todos esos que no van.

Atrás queda el Coliseo, el golpe seco recibido en el alma con la
fuerza de una ruina congelada en un instante eterno por Stern y
Valadier. En este jardín inverosímil, anodino, espera algo no intuido.
Se llega a Santo Stefano con la cantinela aquella que del discurso
de los edificios de planta central, de la tradición oriental y su pervivencia en el mundo cristiano y no sé qué otras historias: un edificio
particular.

Sin embargo, lo que ve nada más cruzar el umbral y adentrarse en
el espacio centralizado, recordado de las imágenes lejanas, es el
misterio de la luz blanca. La luz neutra lo inunda todo. El espacio
es un espacio central. Un cilindro elevado, blanco, inundado de luz
clarísima en el centro. Una luz blanca se filtra a través de las ventanas altas del claristorio, llenando el lugar sagrado. Alrededor de
este cilindro de luz clarísima hay otro más bajo y de mayor anchura,

de penumbra. Y es gracias a este deambulatorio perimetral que se puede rodear en reverente procesión el punto central de blanca luz en clara actitud de contemplación.

El movimiento se produce imperceptiblemente por un solo gesto de la planta, casi sin quererlo; inducido por el propio edificio en su esquema estructural. El acceso al templo queda desplazado del eje visual que se forma en el interior con la capilla del *martirium*, el altar y la exedra. A pesar de ser un templo central, la presencia de un eje longitudinal es patente nada más entrar. Lo es para que se produzca el movimiento circular del peregrino, el deambular en la penumbra del que llega de un exterior inundado de luz amarilla, de luz que quema, a ese interior sereno para no parar de girar y contemplar la vida al pasar.

La luz del espacio central de Santo Stefano es neutra, blanca, de una claridad asombrosa. Crea un foco clarísimo de atención en torno al cual moverse. Se derrama, resbala, por los muros blanquísimos para llenarlo todo.

La gran linterna central, cortada por un plano medio inverosímil, queda soportada por una pantalla radial de columnas jónicas, que por algo la disposición radial es tan acertada para este orden tan direccional y tan problemático en la resolución de las esquinas. Y, llena de luz, marca el lugar más importante del edificio, la razón espacial de esta arquitectura que desde fuera resulta tan anodina.

No se puede dejar de recordar la Biblioteca de Exeter, del gran Louis I. Kahn (tanto tiempo las separa), que también es espacio central inundado de luz con deambular perimetral en la penumbra. Y en ese recordar a Kahn, se reflexiona sobre el valor de lo aprendido del pasado o de las coincidencias. La neutralidad de la luz blanca horizontal, que baja de lo alto, llena de paz el espacio. Y esa neutralidad crea un ambiente para la serena contemplación.

Se vuelve a lo de siempre: en arquitectura hay temas que están más allá del aspecto formal y que perduran en el tiempo a pesar de todo. El empleo de la luz es uno de esos temas atemporales que hay quien da en llamar 'ideas', que a nadie pertenecen porque son de todos. La luz se hace materia en el Panteón, rozando en esa transformación

la divinidad, y da cuenta del paso del tiempo en su transcurrir por
la penumbra. La blanca luz neutra ilumina la contemplación y es
soporte del conocimiento en este templo anodino de Santo Stefano
rotondo al Monte Celio.

La blanca luz neutra de Santo Stefano es también la de Santa Sabina
en el Aventino, la misma de las iglesias de Palladio; la misma que las
de las catedrales renacentistas andaluzas, quizás entre ellas la de
Jaén la más hermosa. Y también, blanca luz es la de todos aquellos
edificios que tienen esa claridad primitiva que ilumina la razón aunque no se hayan llegado a construir, como la biblioteca inverosímil
de Boulleé.

5.

LUZ ROMANA
El uso consciente de la luz en arquitectura a través de varios espacios romanos

Este texto fue publicado en su versión original en la revista digital de humanidades y ciencias sociales *El Genio Maligno*, Granada: Asociación Cultural Chancro, 2011, 8:19-48; ahora se publica en versión revisada.

Decía William Morris en su conferencia del 10 de marzo de 1881 en la
London Institution que arquitectura son todas aquellas modificaciones que el hombre introduce en la naturaleza con objeto de adecuarla a sus necesidades; dando así una de las definiciones más amplias
que de arquitectura se pueda dar:

> «La arquitectura abarca la consideración de todo el ambiente
> típico que rodea la vida humana; no podemos sustraernos a ella,
> mientras formemos parte de la civilización, porque la arquitectu-
> ra es el conjunto de las modificaciones y alteraciones introduci-
> das en la superficie terrestre con objeto de satisfacer las necesi-
> dades humanas, exceptuando sólo al puro desierto.»[1]

Sobre esta generosa definición de lo que la arquitectura sea, se
puede decir sin temor a equivocarse que la labor del arquitecto es,
pues, intrínseca a la existencia humana. La arquitectura es tan antigua como el hombre porque éste se encuentra en un medio hostil
para el cual no presenta especialización alguna. Así que, para poder
perseverar en él, precisa de una adecuación para hacerlo favorable
a sus necesidades. Y ese adecuar el medio a las necesidades humanas pasa por su transformación; de manera que no es el hombre
quien se adapta al medio, sino que es el hombre quien, a través de
la arquitectura, transforma ese medio donde está para adecuarlo
a sus necesidades. De modo que sólo cuando las condiciones son
extremadamente desfavorables para la vida humana no hay transformación y, por tanto, no hay arquitectura ni hay hombre.

Cualquier espacio adecuado al quehacer humano requiere haber
necesariamente transformado un medio previo. Así que la arquitectura es una de las primeras actividades humanas, necesaria para
poder vivir el hombre sobre la tierra.

Contaban los viejos profesores para ilustrar esto mismo que Morris
dejó escrito aquello del mito de la expulsión del Paraíso, tan bien

---

[1] William Morris, "The Prospects of Architecture in Civilization", en *Art and Socialism*,
Leek, 1884, p. 245, citado en Patetta, L.: *Storia dell'Architettura: antologia critica*, Milano:
Etas Libri, 1975 (versión española: *Historia de la arquitectura: antología crítica*, Madrid:
Herman Blume, 1984, p. 23).

5.1 *La tempestad*, Girogione

contado en el cuadrito de Girogione. Así que con ello contaban ellos
la arquitectura como 'razón de necesidad'; es más, la arquitectura
como algo opuesto a 'la naturaleza', que, por más que se quiera o se
diga poéticamente, nunca puede integrarse en ella por su carácter
esencial de artificio. La labor arquitectónica, por decirlo de alguna
manera, inicia cuando el hombre se ve abocado a arreglárselas por sí
mismo en un mundo que le es hostil, aunque no en modo determinan-
te. Ante un medio que no le pertenece y al que no pertenece, le queda
sólo la única opción de adaptarlo a sus necesidades para poder
sobrevivir en él. Así pues, configura un espacio donde desarrollar su
vida lo más seguro y cómodo posible, donde su existir tenga ciertas
garantías de éxito. De modo que la arquitectura proporciona al hombre un espacio, en definitiva, en el cual perseverar en la incertidumbre y hacer posible su vida: un espacio existencial que diría Christian
Norberg-Schulz transformado en espacio arquitectónico.

La labor de los arquitectos, como recuerda constantemente el profesor Campo Baeza, no debería ser hacer arquitectura para salir en las revistas y hacerse famosos. Los arquitectos deberían hacer arquitectura para servir al hombre; para hacerles más fácil su existencia, más placentera, mejor. La labor de la arquitectura no es tanto construir genialidades, cuanto construir ideas donde el hombre viva y viva feliz si es posible; aunque si son geniales mucho mejor. Lo demás es otra historia. Conseguirlo, las más de las veces se convierte en toda una proeza. Aristófanes, en *Las ranas*, decía por boca de Esquilo y Eurípides que corresponde a los poetas contribuir a hacer mejores a los hombres a través de sus palabras. Esto mismo le corresponde a los arquitectos a través de la arquitectura: hacer mejores a los hombres construyendo ideas donde puedan habitar en todo su amplio sentido.

El espacio arquitectónico está en continuo cambio porque cambiante es la expresión de las inquietudes humanas en cada momento. Es imposible dejar de pensar en conseguir un mundo mejor, detenerse en un momento dado. Late en nosotros algo que nos hace buscar incesantemente un mundo de mayor calidad, aunque a veces hay épocas de actividad vertiginosa en las que se corre el serio riesgo de perder el norte en esta búsqueda. Y es que las necesidades humanas no son sólo las propias de la supervivencia física, que estarían resueltas en un nivel muy básico, sino mucho más. El hombre es un ser complejo; aspira a la belleza, al desarrollo de su 'espiritualidad', a dejar memoria de sí mismo y ganar inmortalidad, al bien estar (cuyas metas se encuentran siempre en continuo cambio). Y todas estas aspiraciones trascienden la meta de lo ordinario de la mera supervivencia material.

En la labor de la arquitectura las ideas son lo principal, más allá de la expresión formal que éstas puedan adquirir, puesto que si no hay idea detrás, la cosa se convierte en ocurrencia y dura poco. Dicho esto a pesar de lo antiguo que suena, pero desde el convencimiento de que es el pensamiento el fundamento de las cosas; también, de la arquitectura. Lo importante es tener la capacidad de idear y de construir aquello que se idea. El espacio donde habitamos nace de construir esas ideas y transformar el medio; de hacerlas pasar de la mente al papel y de ahí al mundo construido que tocamos, pisamos, olemos y vemos. Así que la arquitectura sin buenas ideas detrás no es arquitectura ni mucho menos buena; es otra cosa bien distinta, normalmente tendente a lo banal y al formalismo (sus intereses se encuentran en otro punto).

En arquitectura, más allá de las modas y las sinrazones, las buenas ideas permanecen en el tiempo y se hacen de todos. Las buenas ideas que se construyen son capaces de perdurar en el tiempo. Se puede decir, incluso, que el papel de la buena arquitectura está por encima de los propios arquitectos que la crearon; sus valores sobrepasan lo individual para engrandecer el acervo cultural del género humano. La buena arquitectura se mueve en un orden temporal y espiritual distinto, de otra magnitud y con otras escalas. Las buenas ideas de arquitectura, si llegan a construirse, son eternas. Baste traer a la memoria el pabellón alemán de Barcelona, reconstruido y todo; poco importa si es o no el del señor Mies van der Rohe, porque lo que importa es la idea que él fue capaz de construir y que, destruido el edificio original, pudo volver a construirse, siendo capaz de perseverar en la incertidumbre del tiempo pese a todas las críticas que puedan hacérsele al edificio reconstruido. Las ideas que no llegan a construirse, quedándose sobre el papel, no tienen la suerte de pasar de ejercicios gimnásticos de la mente que las ideó; aunque no por ello no sean arquitectura: arquitectura dibujada. De hecho, ejemplos bien conocidos como los de Archigram fueron sólo arquitectura de papel, que incitaban a imaginar otro mundo posible, sin importar tal vez si se llegarían a construir o no.

Un buen arquitecto, no obstante, además de buenas ideas y un buen cliente, debe tener la fortuna de poder llegar a construir sus ideas sin morir en el intento. Porque la arquitectura dibujada es más elitista y requiere un grado de entendimiento especializado que no es común. Sin embargo, la arquitectura construida, es una verdadera transformación del medio en que se habita y es posible su experiencia, como decía Bruno Zevi, más allá del dibujo.

De los ejemplos de ideas construidas a lo largo de la historia se puede aprender mucho si se les presta la debida atención. Se puede hacer porque hablan de la experimentación del espacio, de la relación del hombre con ese espacio arquitectónico que ha creado para vivir y que su vida sea mejor. Y esta experiencia seguirá siendo mientras el hombre sea y mientras exista, resista, construida la idea que la materializa; aunque sea experimentada de manera distinta en las distintas épocas.

El empleo de la luz de manera consciente en arquitectura

«El guardián se va. Su deber ha terminado. Escapa del peligro. Se apaga en el atardecer la imagen que, una vez más, no ha logrado convertirse en sagrada. Todo para aquel hombrecillo y sus pinceles. Y ahora que se ha ido, ya no hay más tiempo. La oscuridad lo suspende todo. No hay nada que pueda, en la oscuridad, convertirse en *verdadero*.»[2]

A través de esta cita de Alessandro Baricco se pretende reflexionar sobre una de esas ideas de que ha hecho y hace uso la arquitectura: la luz. La luz es algo que está ahí, como la tierra, como la gravedad, que dice el profesor Campo Baeza. Y le es dado al arquitecto poder manejarla de muy diversos modos para poner el acento en su arquitectura, para hacerla vibrar. Ser capaz de controlar la luz en un espacio arquitectónico para que cree un efecto determinado es saber manejar algo que estando ahí puede ser o no un elemento arquitectónico. Así que de las distintas vías de usar la luz en arquitectura de manera consciente, como un instrumento más de transformación del medio donde habitamos, es de lo que se quiere hablar ahora con el ejemplo de diversos casos romanos.

La principal característica de la luz que se quiere ahora señalar es aquella de hacernos perceptible el mundo donde habitamos. Sin la luz no hay certeza de la realidad. No es que la realidad no exista en ausencia de luz; sino que a través de ella adquiere forma perceptible para el hombre. Por medio de la luz se percibe, aprehende y comprende el mundo; eso sí, por medio de una luz tamizada por la sombra.

[2] Baricco, A.: *Oceano mare*, Milano: Feltrinelli, 1993 (versión española *Océano mar*, Barcelona: Anagrama, 1999, p. 13)

La luz sola ciega y quema, como le pasó a Semele, que pereció
en 'ansia de amores inflamada', al contemplar en majestad a Zeus
hecho luz absoluta, sin matices de la sombra.[3] La luz sola ella, lo
abrasa todo y crea desierto. Y en el desierto, donde no hay sombra
alguna que apacigüe la visión y dé descanso, se detiene insufrible-
mente el tiempo (se hace insoportablemente extenso) y cesa la vida.
El exceso de luz es muerte; ya no es conocimiento, sino aniquilación
por abrasión. En ese exceso de luz, sin posibilidad de sombra, es
donde Morris decía que era imposible la arquitectura.

Se puede decir que la luz, auxiliada convenientemente de la sombra,
da carácter al espacio a la vez que permite percibirlo. El espacio no
está determinado por la luz, sino que queda por ella caracterizada
la percepción que de él se tiene: su experiencia; lo cual no es poco.
Por eso es acertada la cita de Baricco al señalar que nada hay en
la oscuridad que pueda convertirse en verdadero. Porque si la presencia absoluta de luz lo aniquila todo, su total ausencia impide que
haya nada, vida incluso; aunque bien es cierto que en arquitectura
la luz puede emplearse también para crear 'ilusiones poéticas', que
nada tienen que ver con lo verdadero.

La luz del sol, que se derrama como un bien inefable constantemente, hace vibrar la materia, le da vida; tiene la importante propiedad
de aportarnos la posibilidad de comprender el espacio. Con ella se
puede aprender y conocer todo lo que nos rodea, el mundo en que
estamos inmersos, del cual formamos parte y que formamos y transformamos a diario con ese profundo y continuo deseo de hacerlo
mejor (otra cosa es que lo consigamos). La luz es fuente de conocimiento porque nos permite escrutar la realidad con ojos analíticos
y críticos; nos permite aprender de ella, de sus cualidades: formas,
colores, dimensiones, texturas, relaciones, etc. Y conociendo la realidad, tenemos las herramientas necesarias para transformarla según
nuestras necesidades, nuestras inquietudes, nuestros deseos.

Además de permitirnos la experiencia de lo real, la percepción y el
conocimiento del mundo en que vivimos, la luz nos da cuenta del
paso del tiempo; y eso no es cuestión nada desdeñable para la

[3] Ovidio: *Metamorfosis*, Libro III.

experiencia del mundo. Incidiendo sobre los objetos, la luz construye el tiempo, suele decir el profesor Campo Baeza. Gracias a ese incidir la luz sobre las cosas es posible tomar consciencia del transcurrir sin pausa del tiempo; también de la paradoja de la linealidad cíclica del tiempo, repitiéndose una y otra vez siempre hacia adelante.

Aprendimos de Le Corbusier, entre otras cosas, que la arquitectura puede ser entendida como el sabio y elegante juego de los volúmenes expuestos a la luz. «La arquitectura es el juego sabio, correcto y magnífico de los volúmenes reunidos bajo la luz», decía.[4]

En esa relación de la materia con la luz que incide en ella es donde es posible aprender los modos de controlar este don lumínico que el sol nos regala cada día. Porque la luz natural es un material con el cual los arquitectos pueden trabajar. La luz es un material que les viene dado y que pueden controlar y usar para cualificar los espacios arquitectónicos que construyen. La luz en la arquitectura, utilizada conscientemente, es capaz de emocionar de muy diversas maneras; hace vibrar el espacio y lleva al hombre a estados de ánimo que trascienden lo ordinario. Ésta es una de las enseñanzas del arquitecto y profesor Campo Baeza en sus obras, tanto escritas como construidas: «*arquitectura sine luce, nulla arquitectura est.*»[5] Tal vez sea él uno de los arquitectos contemporáneos que mejor y más conscientemente emplee la luz natural para hacer vibrar su arquitectura. No se puede permanecer impasible en el *impluvium de luz*, como él lo llama, del edificio de Caja Granada, al experimentar el espectáculo de la luz atrapada en aquel mecanismo.

Muestras del empleo consciente de la luz, con muy diferentes intencionalidades, se dan a lo largo de la historia de la arquitectura muchas y muy buenas. De ellas se puede y se debe aprender: la divinidad del Panteón, la humanidad de la luz pura de las basílicas de Brunelleschi, el drama vivo de los grandes espacios del barroco romano, la serenidad de las arquitecturas de Soane, la extraordinaria

---

[4] Le Corbusier, *Vers une architecture*, París: G. Cres, 1923 (versión española: *Hacia una arquitectura*, Buenos Aires: Poseidón, 1964, p. 16).
[5] Campo Baeza, Alberto (1997): *La idea construida*, Buenos Aires, CP67, Colección Textos de Arquitectura y Diseño, 2000, p. 35.

variedad de Wright en su arquitectura doméstica, la rotundidad de los espacios de Le Corbusier o la claridad de los espacios ideados por Louis I. Kahn.

Repasar la arquitectura del pasado, más que para deleite en la belleza de las formas, conviene para estudiar estas ideas universales que trascienden el tiempo. No se trata de una revisión taxonómica o arqueológica de los espacios según sus apariencias diversas, atrás quedaron esos tiempos. No es eso lo que interesa. Interesa a un arquitecto actual el análisis de la arquitectura de otras épocas porque ésta contiene valores imperecederos, valores que trascienden el aspecto externo, capaces de perseverar en la incertidumbre del tiempo.

El empleo consciente de la luz en la arquitectura, en la buena arquitectura, es una de esas ideas sobre la que merece la pena reflexionar. A través de varios espacios romanos se va ahora a repasar distintos modos de emplear la luz natural intencionadamente. Una estancia en la Real Academia de España en Roma ha permitido la experiencia directa que da lugar a esta reflexión.

La luz cenital

Este recorrido por la 'luz romana' se comienza con aquellos casos en que conscientemente se utiliza la luz natural en espacios iluminados con luz cenital. Es decir, se trata de ver qué sucede en algunos ejemplos romanos donde la iluminación de un interior se consigue abriendo un hueco en el plano horizontal del techo. A través de este sencillo mecanismo, la luz se derrama verticalmente sobre el vacío de la sala y el espacio queda tensado diagonalmente llamando la atención del observador hacia lo alto. En estos casos el control de la cantidad de luz es posible manipulando las dimensiones del hueco abierto en el techo, así como su profundidad; todo depende del efecto que se pretende conseguir.

Ejemplo singular de espacio iluminado cenitalmente es el *impluvium* en una domus romana. El 'impluvium' es una sala perteneciente a la parte semipública de la vivienda acomodada de la antigua Roma,

5.2 Impluvium de la 'casa de los misterios', Pompeya

entre el portal de acceso y el patio peristilo privado. Es una sala normalmente de planta rectangular que adquiere un específico carácter por el tipo de iluminación empleada en ella. Se trata de un lugar de tránsito configurado a modo de una caja abierta al cielo y con un estanque en el suelo para recoger el agua de lluvia que llega desde el *compluvium*. La sala del impluvium es un espacio intermedio entre la privacidad de lo doméstico y lo bullicioso de la calle. El vacío del techo, que repite la forma del perímetro de la sala, es lo suficientemente pequeño como para producir fresca sombra en el interior de la estancia y a la vez lo suficientemente grande como para dejar entrar una cantidad controlada de luz que la anime.

En esta sala, la luz cenital se combina acertadamente con el estanque de agua de lluvia, reserva doméstica. El estanque aporta frescor y la luz cenital un carácter específico al espacio doméstico. Magníficos ejemplos y variados se pueden ver en las casas sepultadas por las cenizas del Vesubio tanto en Pompeya como en Herculano. Conserven o no los recubrimientos de las paredes (y aunque en casi todos los casos se haya tenido que reconstruir el techo, pues se trataba de entramados de madera arrasados por el material volcánico), el mecanismo sigue funcionando en cuanto a los efectos de luz se refiere (no de color).

Cuando las dimensiones del hueco abierto en el techo son reducidas respecto a las del espacio que ilumina, el espacio se dramatiza por efecto de la luz, pues el rayo de luz entra en la penumbra cortando su sombra densa. Y para esto hay que abandonar el espacio doméstico e irse a otros de carácter público, donde el hueco en el techo no suele ser único. Sugerentes son los interiores de las cisternas romanas; enormes salas hipóstilas cuajadas de lucernarios cuya misión es precisamente la de servir de sumideros para recoger el agua de lluvia. También lo son los subterráneos de los anfiteatros cuajados de pasadizos iluminados cenitalmente. La luz que pasa por ellos hacia la penumbra sepultada crea una tensión diagonal que muy bien supo captar Piranesi en sus grabados en los que dio rienda suelta a su fabulosa imaginación.

5.3 Pasajes subterráneos del
anfiteatro Flavio, Pozzuoli

Lux Panthei

De la luz cenital, el caso del Panteón es tal vez el más sublime porque en él la luz del sol trasciende el orden humano y se convierte en un espectáculo divino. En el caso del Panteón, luz sacraliza el espacio con tan sólo un sencillo gesto. Y ese gesto solo es una de esas ideas que no pertenecen a nadie porque son de todos y son eternas porque han sido construidas.

La operación arquitectónica es bien sencilla. Se trata de construir un vacío donde crear la penumbra; un recuerdo tal vez de la cueva estereotómica primitiva. Se trata de un ejemplo de arquitectura por sustracción, sólo que construida mediante un proceso de adición. Es decir, el Panteón es, teóricamente, una enorme mole de masa a la que se le ha eliminado la parte central para crear un vacío. Y a ese vacío se accede únicamente desde el exterior a través de un hueco colocado en el muro precedido de un profundo nártex, que añade intencionadamente más penumbra sobre el acceso. En ese enorme vacío construido se ha abierto un hueco. Este hueco es un enorme ojo (óculo) en la oscuridad construida para mirar el cielo desde dentro. En él, cada mañana cae atrapada la luz del sol y las noches de luna llena, como cuenta James en *El último de los Valerios*, también la luz del sol reflejada en la luna.

Una idea sencilla conceptualmente ésta del Panteón. Sin embargo, su materialización, debido a las dimensiones enormes, fue todo un alarde constructivo. La cúpula cubre un espacio de 43,40 m de diámetro; luz que ni siquiera llegó a superarse con la construcción de la cúpula de Santa Maria dei Fiori en Florencia mil doscientos años después. El óculo, a pesar de lo pequeño que puede parecer desde abajo, tiene 9,00 m de diámetro; se colaría por él, sin las gradas, el templete de San Pietro in Montorio, de Bramante.

El sol se pasea por el interior del Panteón cada día, dando cuenta del paso del tiempo. Su rastro se hace visible de una forma absolutamente impresionante. El haz de luz que atraviesa el óculo tensa diagonalmente el espacio en penumbra del interior y en su recorrido convierte al edificio en un gigantesco reloj solar invertido; es decir,

5.4 Interior del Panteón de Agripa
una mañana del mes de abril

no con sombra arrojada de un cuerpo material, sino con la huella de luz generada por un hueco abierto en la oscuridad. En la penumbra del interior esos rayos de luz que atraviesan el óculo se hacen materia y ahí está el carácter divino de esta luz particular. El haz de luz del Panteón se convierte en un cilindro de luz sólida en unos determinados días, cuando las condiciones ambientales son las específicas para que esto ocurra. Y esta luz, que adquiere carácter divino al convertirse en sólida, sacraliza el espacio. El milagro es ser testigos de cómo la luz, 'inmaterial', mediante un artificio tan sencillo ideado por el hombre, adquiere carácter material y se hace sólida.

El recorrido de este haz material de luz por la penumbra nos da cuenta visiblemente del paso del tiempo; de su carácter cíclico. Es

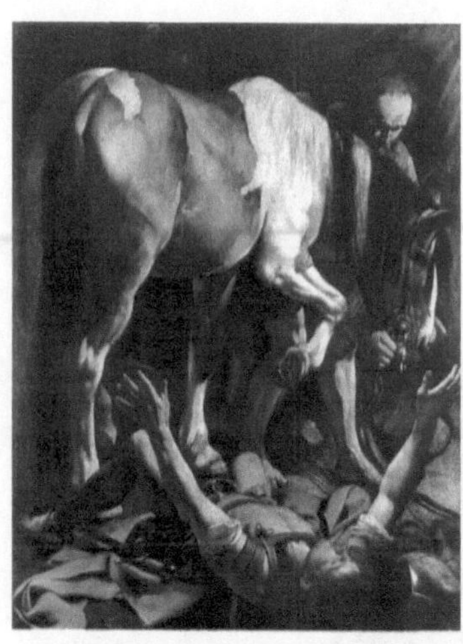

5.5 *Conversión de San Pablo*,
Caravaggio, Capilla Cerasi en
Santa Maria del Popolo

tiempo, tiempo que pasa y basta. Y en este espectáculo sacro, cíclico,
hay momentos de especial belleza que conmueven más aún al espectador que sabe estar atento. Es muy complicado describir la enorme
sensación de levedad que le recorre cuando el cilindro de luz choca
con el suelo y rebota, invirtiendo las sombras de los casetones de la
cúpula, que parece flotar y no tener materia. La luz, sólida y la cúpula
de hormigón, ingrávida; todo al revés de como se espera. Y también
es difícil de expresar el sentimiento abrumador cuando la luz sólida
sale a la penumbra del profundo pórtico a través de la puerta abierta.
No hace falta entrar en este caso. Sale la luz a recibirte; esa misma
luz cegadora que tira de espaldas a San Pablo y lo hace 'caer de culo',
como muy bien lo dejó representado Caravaggio en la capilla Cerasi
de Santa Maria del Popolo. Una luz de orden divino que tiene la hermosa capacidad de desarmarnos porque trasciende lo ordinario para
pasar a un orden temporal al cual no estamos acostumbrados.

Ante este espectáculo sacro de la luz cenital del Panteón no se
puede dejar de pensar lo poco que dura una vida humana. Y tal vez
se alcanza a atinar torpemente aquello que pueda ser la eternidad;
aunque sólo tal vez.

La luz transversal

De la iluminación cenital pasamos a la iluminación transversal u horizontal; aquélla que se consigue abriendo huecos en el plano vertical, es decir, practicando huecos en los muros. Quizás sea éste el mecanismo más usual en los espacios que habitamos de continuo porque históricamente ha sido el de más fácil construcción; el de menor requerimientos técnicos. Así que es momento de detenerse ahora en los 'claristorios' de las basílicas paleocristianas de Roma, con esa luz tan particular. Se trata de una luz con un efecto bien diferente del ya visto en el caso de la luz cenital porque no persigue la solidificación del haz luminoso, sino la iluminación homogénea del interior de la sala; llenarlo todo de luz.

Las amplias salas rectangulares de las basílicas se nos presentan inundadas de luz. Como lugares para la reunión en asamblea. Normalmente una blanca luz llega desde los 'claristorios' de la nave principal, dejando en cierta penumbra a las laterales. Los muros se encuentran perforados en su parte alta por huecos distribuidos rítmicamente más o menos distantes. La luz se derrama por los muros; y aunque los rayos de sol son perfectamente visibles, este tipo de iluminación tiene la capacidad de inundarlo todo. Y la sensación de paz y tranquilidad es asombrosa en estos espacios así iluminados.

De todos, tal vez el que más impresiona sea el de la basílica de Santa Sabina en el Aventino. La limpieza a la que se vio sometida la basílica por Antonio Muñoz en los años treinta del siglo XX, eliminando las operaciones barrocas del siglo XVII, presentan esta iglesia con un interior de luz blanca impresionante. Las grandes vidrieras de las ventanas de la nave principal de la basílica, de vidrio translúcido, ofrecen un espectáculo digno de ser vivido. La luz transversal inunda la sala desde lo alto de los muros. El fogonazo de luz amarillenta que entra a través de la puerta entreabierta del nártex acusa con mayor contraste la claridad difusa del interior.

Este tipo de luz es más humana. No dramatiza el espacio, sino que lo hace humano, lo acerca a la escala del hombre porque crea una iluminación difusa que sirve para la contemplación. Es ésta una luz que traslada al hombre hacia la meditación en el sosiego de lo

5.6 Interior de la basílica de Santa
Sabina en el Aventino

trascendente, de lo divino. No es el fogonazo que, entrando de lo
alto, tira del caballo a San Pablo, sino la luz que entra en el estudio
de San Jerónimo desde el lateral y lo ilumina en su leer continuo.

De esta misma familia es la luz que encontramos en la basílica de
Santa Cecilia in Trastevere, aunque en este caso el 'claristorio' se
encuentre en la confluencia de los muros con el arranque de la bóve-
da. Amplios espacios rectangulares iluminados desde lo alto de los
muros por una luz blanca que inunda todo. Y es esta sala llena de luz
blanca, tal vez resulta menos sobrecogedora la escultura de Stefano
Maderno de Santa Cecilia bajo el altar.

Cuando el 'claristorio' espacia más los huecos y colorea los vidrios
que los cierran, aunque se trate de salas igualmente amplias y rectangulares para el mismo uso, el efecto es otro. La basílica de Santa
Maria in Trastevere es buena muestra de este otro modo de tratar
la luz horizontal. Aquí, la luz se introduce en la nave central desde

5.7 Interior de la basílica de Santa
Cecilia en el Trastevere

un cuerpo de ventanas abierto en lo alto de los muros que cierran
la nave. Sin embargo, la luz no es blanca como en Santa Sabina,
sino que es una luz coloreada con un tono dorado que caracteriza el
espacio de la nave central. La luz blanca entra en las naves laterales
cenitalmente a través de una serie de óculos, creando un sorprendente efecto de contrastes.

La luz coloreada, que inunda el impresionante interior de la nave
central de Santa Maria in Trastevere, caracteriza un espacio destinado a lo espiritual. Es una luz que abandona el carácter humano de
Santa Sabina (que es aquel de las basílicas de Brunelleschi y Palladio) para tintarse de cierto orientalismo que, no es otra cosa, que
aturdimiento de los sentidos a través de la exuberancia del color. La
luz cualifica este espacio repleto de colores y olores. Los mosaicos,
tanto del pavimento como de los muros, adquieren un especial brillo
mediante esta luz dorada que inunda el espacio central.

5.8 Nave principal de la basílica de
Santa Maria en el Trastevere

Otro caso de empleo de luz transversal es el de los templos 'roton-
dos' conmemorativos: Santo Stefano rotondo al monte Celio o
también Santa Constanza in via Nomentana. Se trata de edificios de
planta central no ya para la reunión en asamblea de un amplio grupo
de creyentes, sino para la conmemoración de un lugar particular.
Estos templos son focos de peregrinación que recuerdan la memoria de algún santo o personaje de importante dignidad, por tanto
no son para la reunión, sino para la deambulación en torno a algún
punto que guarda la memoria particular de algún personaje.

En ambos casos, a pesar de la diferencia de tamaños, se configura un espacio central, un cilindro inundado de luz, alrededor del
cual aparece un deambulatorio. El cuerpo de ventanas aparece en
la parte alta del muro que configura el cilindro central, separado
del perimetral mediante una pantalla de columnas. Así, la luz se
emplea en estos casos para marcar el espacio principal alrededor
del cual se deambula en relativa penumbra. En Santo Stefano la
frontera entre ambos espacios, el de contemplar y el de deambular,

5.9 Nave lateral de la basílica de
Santa Maria en el Trastevere

está configurado a modo de membrana, pues tiene una sola fila de
columnas. Sin embargo, en Santa Constanza, la transición entre un
espacio y otro se hace mediante un espacio intermedio, puesto que
la pantalla de columnas toma espesor y tiene la profundidad que le
da el estar formada por un intercolumnio de ancho. Así que además
del efecto de la luz, en estos dos casos se da una variedad evidente
en el contacto entre el espacio central de contemplar y el espacio
anular de deambular: la membrana y el espacio intermedio.

La luz en estos dos espacios exteriormente anodinos, de una llamativa decadencia, es una luz particular. Inundando decididamente el
centro, crea un foco alrededor del cual deambular. En Santo Stefano,
el recorrido del movimiento viene marcado por el claro giro del eje
dominante en el interior y el del acceso, no coincidentes. En Santa
Constanza, el recorrido lo marca, en cambio, la imposibilidad de
atravesar el eje compositivo de la planta desde el acceso para ir a
ver el sarcófago de pórfido de la princesa imperial, colocado en el
ábside del templo detrás del altar.

5.10 Interior del mausoleo de Santa
Constanza en via Nomentana

La luz transversal habla de otro tipo de conocimiento en el hombre;
sobre todo cuando los vidrios que se emplean no son coloreados,
sino incoloros o blancos. El carácter de iluminación difusa de los
ambientes que emplean este tipo de luz transmite a otras emociones
bien distintas a cuando la luz aparece en un potente fogonazo. No
se trata de sorprender, de impresionar, de apabullar, sino, más bien,
de inundarlo todo de una luz lo más homogénea posible. En Sant'Ivo
alla Sapienza o en San Carlo alle quatro fontane, el blanco interior
queda inundado de luz para la serena contemplación: luz blanquísi-
ma y difusa que desciende desde lo alto para llenarlo todo.

La luz mística

La teatralidad de los espacios del Barroco Romano es tan sugerente, en parte, gracias al empleo consciente que sus arquitectos hacen de la luz natural transformándola en una eficaz herramienta para producir emoción. Sabiamente los maestros de esta época se sirvieron de la luz del sol para introducir dramatismo en sus creaciones y llegar con ello a tocar la fibra sensible de los espectadores. La luz es la poderosa llamada de atención del observador; ayuda a colocarlo en un estado de exaltación determinado al que contribuyen también los demás factores empleados. De modo que esta interpelación lumínica lleva al espectador a la acción, no lo deja impasible: lo lleva a la emoción. Los espacios iluminados con esta 'luz mística' son espacios en los que aparecen marcados contrastes de luz cuyo foco no se presenta visible porque no interesa. Lo que interesa es la sorpresa, el golpe sordo en el plexo solar que produce una intensidad punzante, penetrante en el espectador: intensa intensidad la de la luz mística.

Innumerables son los interiores de iglesias que se iluminan con esta luz mística. Bernini como ningún otro supo manejar esta iluminación escenográfica que hace vibrar algo dentro del espectador desprevenido. Es el empleo de la luz al servicio de la persuasión a través de la creación de situaciones espectaculares imprevistas. No es ya el altar de la cátedra de San Pedro, con la explosión dorada de la Gloria del Espíritu Santo como foco de la perspectiva lineal en el ábside principal de la basílica. No es necesario remitirse a tamaña y eficaz escenografía, verdaderamente estremecedora. Son las capillas menores, pero no de menos intensidad emocional. Y quizás el hecho mismo de ser capillas menores, que aparecen en los amplios espacios de las grandes naves como pequeños reductos de intimidad doméstica, lo que aporta mayor impacto a su efecto lumínico. También ese cambio de escala está estudiado; es un recurso escenográfico a favor de la sugestión.

La sencilla e inadvertida capilla de la beata Ludovica Albertoni, en la penumbra casi inmensa de la iglesia de San Francesco a Ripa, en el Trastevere, es una muestra bastante buena de esta iluminación

5.11 Interior de la cúpula de Sant'Ivo
alla Sapienza

mística. Aparece casi en silencio en un lateral de la capilla principal, apartada del aparato del resto de la iglesia conscientemente.
Como si de una célula doméstica se tratase, la sencilla capilla de la
Albertoni se abre a la penumbra como una alcoba tras una cortina
corrida de improviso, sin que nadie se dé cuenta. Es un espacio som-
brío, en quietud y silencio; con una antesala oscura y vacía. Al fondo
de la antecámara, aparece un sencillo altar. Sobre él, que es una
cama con colchón y colcha y almohadas, yace la figura de la Beata
en su último estertor; como si nadie la estuviese viendo. El lugar
de la beata es el más recóndito, el más íntimo; todo son indicios.

Encajada en un nicho amplio y oscuro, separa deliberadamente del espacio de la capilla reservado, a la Albertoni le llega el fogonazo de la dorada luz divina desde el lateral izquierdo; la inunda de la cabeza a los pies. El foco de luz está oculto, pero el haz luminoso incide transversalmente sobre el cuerpo yacente en evidente torsión de arrebato místico, observado tan sólo por una pequeña corte de querubines de flotantes cabezas aladas. Está claro que algo pasa y que lo que pasa es que la escena del fondo está preparada para ser vista sólo de manera furtiva, haciendo que el espectador se sienta incluso algo incómodo por estar presenciando tan íntimo momento: el de la entrega definitiva, con la beata Ludovica Albertoni 'en ansia de amores inflamada'.

La apoteosis de San Andrés sobre el altar del oratorio del noviciado de los Jesuitas en el Quirinal es también de esta familia de espacios creados para la sugestión. En esta ocasión, sobre el altar, en el cual se representa la escena del martirio del santo, incide un haz de luz que viene de lo alto sin que se sepa bien de dónde porque el foco permanece oculto. Así que el seminarista que está en oración en la sala elíptica del cuerpo de la iglesia sólo ve el fogonazo sobre el episodio del martirio que se representa al fondo en el cuadro de altar. La fuerte luz tensa diagonalmente el espacio y la mirada del que contempla en silencio se va rápidamente del cuadro de altar a la cornisa, donde aparece una escultura de San Andrés elevándose victorioso hacia la Gloria. Dramatismo para disipar las dudas, si es que las hubiese. Efecto teatral para llevar la mirada de un punto a otro sólo con el recurso de la luz, como si ese recorrido de la mirada fuese de natural espontáneo.

Aunque tal vez el espacio romano donde la emoción de este tipo de iluminación intencionada es mayor y mejor, con esa intrínseca vocación emocional que posee de fogonazo sin explicación, sea la capilla Cornaro, en Santa Maria della Vittoria. En esta sencilla capilla, en una iglesia por lo demás anodina y sin interés, Bernini hace uso del mismo sistema de iluminación potente de foco oculto para llamar la atención escenográficamente sobre el éxtasis de Santa Teresa de Ávila a quien se dedica el altar de la familia veneciana. Y el efecto conseguido es sencillamente impresionante. Al fondo, sobre

5.12 Capilla de la beata
Ludovica Albertoni en la iglesia
de San Francesco a Ripa en el
Trastevere

una nube de mármol flota Santa Teresa, ingrávida, traspasada por el dardo inflamado del ángel. La escena, de un más que evidente erotismo 'místico', es observada con no disimulada atención por unos atónicos cardenales de la familia Cornaro en sus palcos laterales (para incidir aún más en el sentido teatral del espacio iluminado de esta manera) y por el público vigilado y reprobado por el que tal vez sea el carmelita más antipático de toda Roma. La luz se derrama desde lo alto en un haz dorado de foco oculto a la mirada e incide sobre el cuerpo contorsionado en éxtasis místico de Santa Teresa; y el milagro es ver cómo el frío mármol cobra vida y gana en levedad por acción de la iluminación teatral. La luz, en este caso, quita gravedad a la materia, la hace flotar sin explicaciones.

5.13 *Éxtasis de Santa Teresa de Ávila*, en la capilla de la familia Cornaro en Santa Maria della Vittoria

Esta luz mística del barroco romano es, en cierto modo, como la del Panteón; ya sea aplicada en espacios pequeños, de escala íntima, o en espacios monumentales de grandiosidad rotunda. Es una luz que sacraliza el espacio con una decidida voluntad escenográfica; de ahí que siempre exista una referencia al teatro: palcos, embocaduras de escena, perspectivas preparadas. Es una luz que dramatiza el ambiente, tensionándolo diagonalmente con el añadido de ocultar a la vista el origen del foco que produce tal efecto. La luz está presente de una manera dramática, pero no se ve de dónde viene; su misión es llevar a la emoción al espectador; trasladarlo a un mundo de los sentidos para lanzarlo desde ahí a la incomprensible realidad de la divinidad... sin tiempo ni respiro para las reflexiones, para los razonamientos. Es una luz que trasciende el espacio cotidiano para acercar al observador directamente, sin intermediarios, al misterio de lo divino.

Elogio de la sombra

Y si se ha hablado hasta aquí de la importancia del control de la luz natural en arquitectura para conseguir unos efectos determinados, de su empleo consciente, para terminar es preciso mirar a la componente que hace que la luz posibilite el conocimiento de las cosas: la sombra. La sombra, como efecto de la luz incidiendo sobre los cuerpos, es testigo de la materialidad. La sombra ayuda en la percepción de lo real, pues matiza los efectos de la luz pura sobre los cuerpos y los hace visibles en su corporeidad. Si la luz pura es cegadora, la sombra pura, la oscuridad completa tiene el mismo efecto de impedir la percepción del mundo. A través de la sombra (propia y arrojada) los cuerpos se muestran corpóreos, con volumen; se materializan ocupando un espacio.

Se ha hablado del momento sacro de la luz haciéndose materia en el Panteón. A través del óculo de la cúpula, el haz de luz deviene divino porque adquiere carácter matérico en la penumbra. Además, esa luz intensa y particular da cuenta del paso del tiempo al moverse en su recorrido cíclico por el interior del espacio excavado del Panteón. La sombra también cumple este cometido de dar cuenta del paso del tiempo, pero con un mecanismo inverso al empleado en el Panteón. Cuando la luz del sol incide sobre un cuerpo material proyecta sobre el suelo una sombra del lado de la cara no iluminada. Y esa sombra, que procede de la interposición de un cuerpo sólido con el haz de luz, es inmaterial. La sombra proyectada refleja con su movimiento, el transcurso del tiempo, su condición cíclica; como lo refleja el haz luminoso del Panteón al moverse entre las sombras.

Esto no es más que el sencillo mecanismo del reloj de sol, aquel que, además de medir el paso del tiempo, sirve para relacionar medidas en la naturaleza. De él se sirvió Thales, cuentan, para calcular la medida de la pirámide de Keops que nadie antes que él había sabido calcular con precisión.

Ejemplos egipcios traídos a Roma de estos grandes relojes de sol
son los obeliscos erigidos en las distintas plazas como orgullo-
sos y milenarios centinelas. Los obeliscos desempeñan un papel
preciso e importante en el plan de Sixto V y Domenico Fontana.
Junto a las columnas conmemorativas de Trajano en el Foro y
Antonino Pio en la Piazza Colonna, marcan puntos singulares de
la ciudad y ayudan al peregrino a moverse en su circuito de visitar
iglesias. Son elementos verticales con una doble función: de una
parte, simbolizan el poderío de la cristiandad en el orbe terrestre
–por eso aparecen cristianizados con los símbolos heráldicos de
los respectivos pontífices que ordenaron sus recolocaciones–;
de otro, son referencia visual en la ciudad. Los obeliscos y las
columnas conmemorativas son empleados como puntos de interés urbano; se convierten en focos de las perspectivas urbanas,
en hitos de la ciudad.

Los obeliscos y las columnas conmemorativas de la antigüedad son
hitos urbanos. Erigirlos en los centros de las plazas, se convirtió
en tarea de precisión. Como centinelas silenciosos y arrogantes,
señalan los nodos de una red virtual que favorece la orientación de
quien se tiene que mover por Roma; de manera que se puede hacer
sin necesidad de conocerla, pues proporcionan la certeza de estar
constantemente localizados en la inmensidad de la masa edificada.
Mentalmente son puntos que unen una red de direcciones: desde
la Piazza San Pietro a Piazza del Popolo; de la Trinitá del Monte,
sobre la Piazza Spagna, hasta el ábside de Santa Maria Maggiore
en el Esquilino para seguir hasta la logia de las bendiciones de San
Giovanni in Laterano; de Montecitorio, a la Piazza Colonna y al foro
de Trajano; desde la Piazza Navona a Santa Maria Sopra Minerva.
Son tantos los ejemplos y tan llamativos; el de San Pedro magistralmente usado en las ceremonias vaticanas rebosantes de teatralidad y precisión calculadas. Los de Piazza Navona y la Minerva,
sobre espectaculares pedestales de Bernini. Y el de Montecitorio
usado como gnomon de un preciso reloj urbano.

¿Qué mejor recurso escenográfico que colocar un obelisco en
medio de una plaza delante de una basílica para que, en el aparato
de la pompa pontificia, vaya el Papa y se coloque a su sombra?

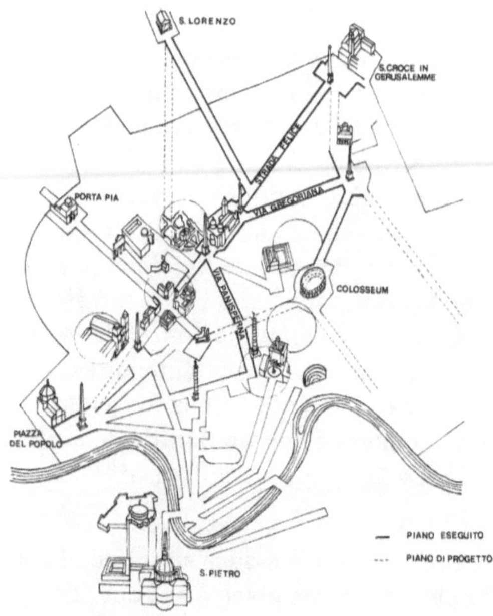

5.14 Esquema dibujado por Sigfried Giedion del plan de Sixto V para Roma, 1585

Quizás, entre todos esos obeliscos grandiosos, el que mejor sirve ahora para dar cuenta de esta dualidad de efectos luz-sombra sea el de la plaza del Panteón. Aunque puede que sea el más pequeño de todos, se alza sobre una fuente justo delante de esta máquina solar y, por contraposición, hace posible la lección simultánea. Este obelisco de la fuente es visible desde la penumbra del interior del Panteón a través de la puerta a vierta. De modo que a la vez que se experimenta el fogonazo sacro de luz sólida, se tiene el espectáculo de la sombra que arroja sobre el suelo ese obelisco egipcio transportado a Roma. Así que, de un lado está la luz sólida en la penumbra de la rotonda: cilindro de luz maciza caminando entre las sombras; y de otro, la luz incidiendo en un cuerpo sólido que proyecta una sombra inmaterial en el plano horizontal de la plaza. Ambos son mecanismos simplísimos para marcar el paso del tiempo; ambos lo hacen a su manera contra-puesta. El vacío sobre la penumbra genera un cilindro macizo de luz; la masa del obelisco, una sombra inmaterial sobre el plano del suelo.

Y si un elemento vertical, sólido, sirve para focalizar un espacio, uno plano lo cualifica con su sombra de manera bien distinta. Es el caso de la sencilla operación del muro del Pecile de la Villa Adriana de Tivoli. Es cuestión de puntos, líneas y planos.

Adriano, inquieto y curioso hombre de mundo, dejó impresionantes ideas construidas. Y estas obras, como el Panteón, contienen valores arquitectónicos que trascienden lo temporal y pasan a ser patrimonio eterno del hombre porque hablan de aspectos esenciales de la arquitectura; de conceptos que son independientes de la apariencia con que se presentan. El Pecile es otro de esos ejemplos de los que, con una operación sencilla, se plasma una idea que tiene por base el uso consciente y certero de la luz; en este caso, de la luz que incide sobre un muro y crea una sombra que es aprovechada para resolver una necesidad. El muro del Pecile de la Villa Adriana es un ejercicio acertado de arquitectura precisa y sencilla, que no simple.

La necesidad de partida es tener un espacio de paseo para el ejercicio cotidiano en aquella villa de retiro que se construyera Adriano en Tivoli, huyendo del fragor de Roma, que no le gustaba nada. Y para poder hacer este paseo placentero, lo que se construyó fue un plano horizontal en el cual caminar descansadamente. El artificio de construcción de ese plano horizontal daría para detenerse también un rato a pensar cómo se presentan muchas veces operaciones arquitectónicas como si no lo fuesen; es decir, cómo a veces se camufla el artificio. Pero no es eso lo importante ahora porque se trata de hablar del uso de la luz, en este caso, para dar sombra. Así que ese plano horizontal colocado al exterior, en contacto con la naturaleza para que el paseo sea más agradable, es un plano por el que pasear tranquilamente. Mas como las condiciones naturales son cambiantes, se presentaba otra necesidad: protegerse de las inclemencias del tiempo; así de la luz excesiva, como del viento y de la lluvia. Por eso, sobre ese plano horizontal se construyó un mecanismo simple y eficaz: un pórtico.

El pórtico del Pecile está compuesto por una espina central: un simple muro, y un perímetro de columnas; todo ello cubierto con un tejado. De todo esto sólo permanece el muro central; han des-

5.15 Exterior del Panteón de Agripa

aparecido columnas y techumbre. Y a pesar de haber permanecido sólo el muro, ha resistido la esencia del Pecile: su elemento central, que cualifica y construye el espacio por sus propias características: dimensiones, orientación, longitud. La orientación precisa del muro del Pecile hace que una cara esté a Norte mientras que la otra aparezca a Sur. Su longitud es de 400 m y su altura, de 9 m. Son las precisas dimensiones para un circuito de paseo protegido de la lluvia a mediante un pórtico que, por su altura, permite el soleamiento del paseo. El tiempo ha derribado el pórtico. Permanece tan sólo el muro como plano vertical que se convierte en línea al llegar al extremo: un muro-columna. Justamente sobrevive el gesto acertado, el elemento que cualifica el espacio, lo construye y le da sentido.

5.16 Muro del Pecile de la Villa Adriana, Tivoli

La orientación del muro y su altura permiten pasear al tibio sol de invierno y a la acogedora sombra en verano. El muro del Pecile sirve para construir una sombra con la que protegerse del sol excesivo. Construir una sombra tan solo levantando un plano y dándole la orientación precisa. Resolver la cuestión el gesto mínimo.

6.

POÉTICA DE LOS ESPACIOS COTIDIANOS

Esta reflexión sobre la poética de los espacios cotidianos se apoya en de la colonización del estudio 6 de la Real Academia de España en Roma, cuyas imágenes complementan el discurso, del que el autor fue ocupante durante el tiempo en que estuvo pensionado en la Institución, a cargo del Ministerio de Asuntos Exteriores del Gobierno de España, con la beca anual de Arquitectura MAE-AECID para ampliación de estudios artísticos (2010). En su versión original, este texto fue publicado en la revista *P+C. Poyecto y Ciudad*, Madrid-Cartagena: Mairea Libros-Dpto. Proyectos Arquitectónicos de la Universidad Politécnica de Cartagena, 2012, 1: 65-78; ahora se publica en versión revisada y ampliada.

Arquitectura: oficio y artificio

Se puede entender que la arquitectura es un oficio tan antiguo como el hombre, pues se remonta a la necesidad primera del ser humano de adaptar un medio para el cual no se encuentra especializado de manera concreta y para el que, por tanto, es un ser extraño. Ese era el parecer de William Morris al decir que la arquitectura abarca la consideración de todo el ambiente típico que rodea la vida humana, puesto que, en un sentido muy amplio, «es el conjunto de modificaciones y alteraciones que el hombre introduce en la superficie terrestre para adaptarla a sus necesidades».[1] De modo que el hombre, sirviéndose de la arquitectura, hace suyo el medio que le rodea y donde está abocado a vivir como pueda; y no ya necesariamente sólo el arquitecto como hombre especialmente dedicado de manera específica a ello, sino el hombre en genérico, como ser humano genérico. A través de la arquitectura el hombre transforma el medio en territorio al introducir en él una estructura reconocible favorable a su estar en el mundo. Es decir, que las transformaciones introducidas tienen la tarea primera de permitir vivir al hombre con cierto grado de seguridad y confort, haciendo suyo un medio que le viene dado y al cual está abocado. Al decir de Norberg-Schulz, la primera tarea de la arquitectura es transformar un medio para hacer posible la vida del hombre sobre el suelo y bajo el cielo.[2]

Así que cuando José Ortega y Gasset decía aquello tan referido y conocido de «yo soy yo y mi circunstancia»[3] –en singular– lo que estaba poniendo de manifiesto era que los límites del ser humano no quedan definidos por la superficie de la piel que le sirve de frontera, sino que podían entenderse como algo más impreciso. Lo que parece querer decir el filósofo es que el hombre no termina donde

[1] William Morris, "The Prospects of Architecture in Civilization", en *Art and Socialism*, Leek, 1884, p. 245, citado en Patetta, L.: *Storia dell'Architettura: antologia critica*, Milano: Etas Libri, 1975 (versión española: *Historia de la arquitectura: antología crítica*, Madrid: Herman Blume, 1984, p. 23).

[2] Norberg-Schulz, C., 1971.

[3] Esta consideración, que resume el pensamiento filosófico de Ortega y Gasset, se encuentra expresada por vez primera en las *Meditaciones del Quijote*, 1914.

termina la envolvente física de su propio cuerpo; sino que la supera y abarca algo más allá de ella hacia lo que le rodea y le es próximo. El hombre se extiende más allá de la piel que le sirve de frontera a su propio cuerpo hacia eso que Ortega y Gasset denomina 'circunstancia', que puede ser muchas cosas a la vez. Al hacerlo, intenta apropiarse de alguna manera del medio donde habita, que no es su yo en cuanto a que no está dentro de él, pero que es algo con lo que necesariamente tiene también que convivir a pesar de que nunca llegue a conocer exactamente lo que sea, salvo quizás en el plano de la representación. Este medio inmediato donde el ser humano habita, donde desarrolla su estar en el mundo de la mejor manera que le es dado desarrollarla, es parte misma de sí. Es por esto que, pese a la imposibilidad de saber a ciencia cierta qué sea el hombre y qué lo demás, ambas con realidades que separadas parecen no tener sentido y juntas dicen algo más.

Y esto es así porque el hombre, al sentirse extraño al medio en que ha de vivir, se ve abocado a humanizarlo, a *antropizarlo*, por usar un término más concreto tomado de la teoría analítica del profesor Saverio Muratori.[4] Para poder perdurar en la incertidumbre del tiempo, en definitiva para poder vivir, es para lo que el ser humano necesita hacer suyo el medio que le rodea y donde vive inmerso. De manera que el mero estar en el mundo del hombre, siendo ajeno a él, implica necesariamente una acción sobre ese mundo en que ha de estar. Y esa acción es nada menos que una acción de conquista, de territorialidad. De manera que lo que se produce con esa acción 'antropizadora' es la introducción de unas estructuras capaces de hacer al medio vivible y visible por el hombre; adecuarlo a sus propias y particulares necesidades, ya que es quizás el único ser no especializado para ningún medio natural concreto.

Este hacer humano respecto al medio es necesario, pues, para que la

---

[4] El término 'espacio antrópico', referido al espacio transformado por el hombre para poder desarrollar en él su vida en el mundo, lo introdujo el profesor Saverio Muratori en su teoría de análisis territorial y urbano, y fue recogido por sus alumnos los profesores Gianfranco Caniggia y Pier Luigi Maffei en su *Lettura della edilizia di base*, donde analizan los distintos grados de transformación introducidos por el ser humano en el medio para transformarlo en habitable.

6.1 Vista de Roma desde el Castel Sant'Angelo

vida humana se dé con ciertas garantías y se prolongue en el tiempo. Para que pueda tener lugar la vida del hombre, ha de conseguirse un medio adecuado. Así que mediante una serie de transformaciones el ser humano convierte el medio hostil, o al menos ajeno, en lugar donde su vida tiene lugar. Y por medio de esas transformaciones por él introducidas, ese medio puede reconocerse como propio y ser considerado incluso como un lugar; un sitio seguro donde perdurar en el tiempo y poder vivir.

Así que, este proceso de convertir el medio en un 'lugar' es, se quiera o no, un proceso artificioso. Lo es porque por medio del artificio el hombre lo humaniza. De modo que la arquitectura, además de ser 'razón de necesidad', es un artificio. La arquitectura es un oficio tan antiguo como el hombre, que atiende a sus necesidades existenciales, a su aspiración a permanecer en el mundo, a perdurar en la incertidumbre del tiempo. Pero también, y por esto mismo, la arquitectura es siempre artificio y no pertenece ni puede, por tanto, a la naturaleza. La arquitectura transforma y crea; es artificio humano para antropizar el medio y hacerlo parte del existir del hombre.

El espacio existencial: transformaciones

Las necesidades humanas no se restringen meramente a aquellas
que en un nivel primario se refieren a la supervivencia física del hombre. Sería ingenuo pensarlo, puesto que se reduciría al ser humano
al nivel cercano al sobrevivir del mundo animal, del cual parece sepa-
rarlo su capacidad de raciocinio y su consciencia de ser como ya
dejó tan bien explicado Descartes.[5] Las necesidades del ser humano
trascienden lo básico de la existencia material y tal vez en ello resida
la distancia sustancial respecto al resto del mundo animal. Y aunque, en un estado muy primario, este estar en el mundo tiene una raíz
meramente existencial, el hombre necesita con la misma intensidad
establecer relaciones significativas con el espacio donde desarrolla
su vida. Estas relaciones –del sujeto con el objeto– se puede decir
que son subjetivas. Lo son en cuanto que el hombre, que es y se sabe
sujeto,[6] se enfrenta al mundo, que es objeto y por tanto todo lo que no
es sujeto, a través de su experiencia. Son relaciones que tienen que
ver con las aspiraciones sentimentales del ser humano, con su vocación de perdurar en un tiempo que sabe limitado para su existencia
corpórea y con su necesidad de proyectarse en lo que ve.

El hombre necesita sentirse parte de un lugar, necesita construir referencias que le sirvan para no estar perdido en la inmensidad del universo mundo. Como no sabe lo que es, porque aún no lo sabe a pesar
de todo, necesita descubrirlo por comparación negativa con lo que
no es. Incluso aun a pesar de que tampoco sepa el hombre siquiera
con exactitud qué es aquello que no es, salvo acercándose a ello en
el plano de la representación, es necesario para él hacer ese esfuerzo
de intentar conocerse y reconocerse en lo otro.

Pero el ser humano, quizás por ese no saber qué es, también necesita
la cercanía de otros como él para sentirse arropado en el mundo desconocido. Por eso normalmente no vive solo, sino que, como ya decía
Aristóteles, es un ser *político* (de *polis*, ciudad). El hombre es un *zoon
politikon* que precisa, por tanto, vivir en sociedad con otros como él;

[5] Descartes, R., 1637.

[6] Aunque se sepa sujeto desde el Romanticismo.

6.2 Vista de Roma desde el Giardino degli aranci en el Aventino, con el perfil de la ciudad entre la Academia de España y San Pedro vaticano

es decir, que necesita vivir en comunidad para encontrar tal vez un sentido a su estar en el mundo. Y eso de vivir en comunidad no es cuestión menor porque la comunidad, para que pueda ser reconocida como tal, precisa del sentimiento general de ser un grupo. Y ese sentimiento se fomenta y construye sólo a base de imágenes; por tanto, también en el plano de la representación.

Con esta premisa, la arquitectura, como bien enseña Christian Norberg-Schulz y teniendo en cuenta esta necesidad de referencias reconocibles con las cuales identificarse y sentirse seguro en la inmensidad del mundo formando parte de una colectividad, no sólo es cuestión de cómo y qué, sino también de dónde.[7] El hombre, para establecerse y poder vivir, se convierte en un ser creador de espacio expresivo, que es espacio subjetivo en cuanto que ha sido una transformación que ha partido del propio sujeto de acuerdo a sus necesidades y basándose en su propia y particular mirada del mundo.

Así que el espacio expresivo creado por el hombre para desarrollar su vida es el resultado de las modificaciones y transformaciones introducidas por él como conquista propia del mundo donde ha de vivir. De modo que crear espacio expresivo supone un acto de implicación personal y también colectiva; quiere decir que el hombre se implica

[7] Norberg-Schulz, C., 2005, p. 42.

en la creación de su espacio vital, de su espacio existencial, a través de las transformaciones que introduce en él para dotarlo de significado. De modo que el ser humano se convierte en creador de su propio hábitat, en *homo faber*. Así que aquello de la 'expulsión del paraíso', con que explicaban los viejos profesores de una manera metafórica la razón de necesidad que supone la arquitectura para el hombre, lo que realmente viene a dejar patente es la necesidad añadida a la existencia humana de trabajar activamente para conquistar un ambiente que es externo y donde ha de vivir.

El mito de 'la expulsión del paraíso' no es más que un recurso para explicar la necesidad humana de asimilar activamente el medio a los propósitos de permanencia y proyección en el tiempo. Y ese proceso activo se compone tanto del establecimiento de unas estructuras favorables al desarrollo de la vida humana a través de las cuales el hombre se proyecta en el espacio conquistado, como de creación de imágenes reconocibles que hagan que el hombre se reconozca en su espacio existencial, transformado por su acción en espacio arquitectónico.

Frente a un espacio idílico creado por un ser superior, exterior al medio donde el hombre ha sido colocado únicamente para el disfrute inocente e ignorante de los esfuerzos que la vida implica, el espacio arquitectónico supone una conquista personal ganada con el esfuerzo y la superación propios. Salir del Edén, medio idílico donde no es preciso transformar nada, en el que por tanto no es necesaria la arquitectura, se encuentra ligado al hacer del ser humano como creador de su destino en el mundo. De modo que el medio se presenta, aunque hostil, como un extenso mundo que transformar para hacer de él un *lugar*, un espacio arquitectónico.[8] Así que un lugar no lo es hasta que no contiene una estructura reconocible, unas imágenes evocadoras del sentimiento de pertenencia y participación del hombre a él y en él. Y esto es la arquitectura la que lo consigue; el hombre a través de la arquitectura.

[8] El 'lugar' lo construye el ser humano, no le viene dado, al introducir en él una estructura favorable a su estar en el mundo. De modo que ese espacio existencial en que ha de habitar, lo transforma en espacio arquitectónico mediante la creación de lugares; lo cual implica tanto la introducción de una estructura física como el establecimiento de imágenes que sirvan de referencia para anclar al hombre al mundo y hacerlo sentir parte de él.

6.3 La loba capitolina etrusca con los Dioscuros añadidos como símbolo de la ciudad de Roma

Dos niveles del espacio arquitectónico: la ciudad y la casa

Los niveles más inmediatos de este espacio arquitectónico creado a partir de lo dado gracias a la implicación activa del hombre son aquellos que definen el alcance de los objetos con la propia mano y el de las actividades cotidianas del habitar, como bien explica el profesor Gaston Bachelard.[9] Son éstos los niveles de la escala cercana: el nivel de 'la cosa' y el de 'la casa'. La cosa como imagen de los objetos que ayudan a personalizar el espacio inmediato donde habita el ser humano, con independencia del uso que como instrumentos les dé, incluso de su valor material. Objetos de los que se sirve a diario no sólo para hacer más fácil su existencia, sino para evocar sentimientos personales. La casa, como referencia de la parcela del mundo conquistada por el hombre para su habitar personal y cotidiano, como refugio donde desconectar de la actividad social y protegerse de ella; es decir, como interior que es refugio personal respecto del exterior.

[9] Bachelard, G., 1957.

En estos dos niveles de la cosa y de la casa se proyecta la intimidad como una extensión del propio yo. Y en ellos se hace difícil ya establecer certeramente los límites que definen al individuo porque éste se prolonga, se extiende, en este entorno cercano que ha creado como su circunstancia más inmediata. ¿Dónde empieza y dónde termina el yo? ¿Cuáles son los límites difusos cuando se tiene en cuenta esto de la circunstancia? Aunque sea cosa bien interesante el reconocimiento de las fronteras, llega un momento en que se hace difícil establecerlas, como bien apunta la profesora Chantal Maillard recordando la máxima orteguiana.[10] La circunstancia es parte inseparable de su ser, sin la cual no es posible comprenderlo en su complejidad, incluso en sus contradicciones. De modo que ese espacio más cercano al hombre forma parte integrante de él mismo, de su estar personal en el mundo.

Si de manera colectiva, a una escala que tiene que ver con el territorio y con lo urbano, la territorialización[11] del medio supone la conquista de una parte del universo mundo por una colectividad, por un grupo al cual el individuo pertenece y en el que participa, la casa es a su vez una conquista personal de esa parcela de mundo colectivo conquistado previamente. En la ciudad el hombre encuentra referencias a su idea de pertenencia a un grupo, a su participación en la colectividad y a su sentimiento de no estar solo en el mundo, sino de vivirlo en compañía. La ciudad es, por tanto, la expresión del deseo y de la necesidad del ser humano de no enfrentarse completamente solo ante el universo mundo, sino de vivirlo en compañía de más individuos como él a quienes ni siquiera es preciso que conozca.

Mediante las imágenes construidas, el hombre es capaz de reconocerse como parte de un nivel superior de existencia: el de la colectividad, que suele ser el común como 'ser político'. La ciudad representa para el hombre algo así como ese 'reino de este mundo'

[10] Maillard, C., 2009.

[11] 'Territorializar' se entiende, en el sentido expresado por el prof. E.T. Hall en *La dimensión oculta* (1966), como el acto en que el hombre se implica en la conquista del espacio existencial para hacerlo propio, para transformarlo en territorio con una estructura reconocible.

6.4 Cúpula del Panteón de
Agripa desde la Plaza de
la Minerva

al que se refería Alejo Carpentier, que ha sido capaz de conquistar
por sus propios medios. La ciudad es un logro colectivo construido
con el objetivo de que la vida del hombre en comunidad sea posible
y sea menor el sentimiento de vacío y transitoriedad, aunque ello
no quiere decir que este sentimiento no permanezca latente a pesar
de todo. Y del hecho de que el hombre piense que siempre puede
mejorar su estar en el mundo, no tanto el personal cuanto tal vez el
de un futuro genérico, se deriva la continua actividad de transformación de este mundo construido, de ese *reino de este mundo* donde se
desarrolla su existencia.[12]

[12] «El hombre nunca sabe para quién padece y espera. Padece y espera y trabaja para
gentes que nunca conocerá, y que a su vez padecerán y esperarán y trabajarán para
otros que tampoco serán felices, pues el hombre ansía siempre una felicidad situada
más allá de la porción que le es otorgada. Pero la grandeza del hombre está precisamente en querer mejorar lo que es. Es imponerse Tareas. En el Reino de los Cielos no hay
grandeza que conquistar, puesto que allá todo es jerarquía establecida, incógnita despe-

Ese 'reino de este mundo' es posible gracias a que se han construido imágenes capaces de ser reconocidas por los individuos para poder referirse a ellas. Y esto no es en modo alguno banal, pues la creación de imágenes reconocibles por el individuo como miembro de una colectividad es una expresión de la personalidad común del grupo frente al mundo. Es una manera de significar la conquista del medio y de hacer patente la diferencia que existe entre lo transformado y el resto, que es idea claramente expresada por el profesor Lynch en su análisis de *La imagen de la ciudad*.[13] Y también es una manera de reconocerse, por ende, en esa transformación hasta el punto de sentirse localizado en el mundo; con un lugar propio de referencia.

Las imágenes evocan en el individuo un sentimiento de pertenencia al lugar y de participación en la sociedad que lo ha hecho posible. De modo que puede, mediante ellas, referenciarse en el mundo. Reconocer imágenes con las que sentirse identificado es ser capaz de discriminar y poder nombrar. Y nombrar es un acto de conocimiento porque permite estar en condiciones de saber que es una cosa en medio de lo demás, con cierto grado de certeza de que es esa cosa y no otra. Así que esa capacidad de poner nombres a las cosas es la que expresa la conquista del mundo del mundo por el hombre, su territorialización. Las siluetas de las ciudades recortadas contra el cielo, torres, cúpulas, murallas, vistas desde lo lejos son claras referencias que ayudan a construir el sentimiento de colectividad. Reconocerlas es saberse parte de la sociedad a la que pertenecen y que las ha creado como expresión de sí.

De manera que, mediante la arquitectura, el hombre construye imágenes reconocibles que lo atan al lugar y le aportan seguridad. Estas imágenes hacen posible que se sienta seguro en la incertidumbre; lo hacen partícipe de una porción de mundo que él ha ayudado a transformar para que en él la vida sea más llevadera o simplemente sea.

jada, existir sin término, imposibilidad de sacrificio, reposo y deleite. Por ello, agobiado de penas y de Tareas, hermoso dentro de su miseria, capaz de amar en medio de las plagas, el hombre sólo puede hallar su grandeza, su máxima medida en el Reino de este Mundo.» Carpentier, A., 1949.
[13] Lynch, K., 1960.

6.5 Vista de una de las torres de
la Academia desde el Trastevere

La casa: espacio cotidiano para la intimidad

En correspondencia con lo que significa la territorialidad colectiva
como conquista de una parte del mundo para el grupo, en la casa el
hombre reconoce su individualidad dentro de la esfera de lo colectivo. La casa es su particular parcela conquistada del mundo, su refugio personal; es el lugar donde se custodia la intimidad de su hacer
diario, de su cotidiana y familiar existencia. La familia, aunque ésta
sea unipersonal, hay que entenderla como una pequeña estructura
dentro de otra mayor que repite la estructura jerárquica de aquella a
una escala menor. La familia es una institución que hace posible la
vida en sociedad porque es un nivel de agrupación mínimo dentro de
ella; por eso existe en todas las sociedades.

El hombre, aún en condición impar, es decir, aun viviendo solo,
precisa de un espacio propio donde reconocer su intimidad a salvo
de lo común. El hombre es un ser social, pero también precisa una
parcela de intimidad dentro de la sociedad de la que forma parte
y en la que participa. Ese espacio personal dentro de aquel otro
representativo de la colectividad le sirve para estar en el mundo
sintiéndose parte de un todo y simultáneamente con cierta independencia personal. Así que lo que supone la casa para el individuo es
el 'refugio' de la intimidad; el espacio reservado al descanso de la
actividad social. La casa, por tanto, es el lugar de una célula básica
de la convivencia con los más próximos. La casa es una necesidad
irrenunciable de todo ser social.

Esto de la casa como espacio íntimo donde se expresa la personalidad de cada cual y como refugio necesario lo expresaba con gran
claridad Virginia Woolf. Ella lo aplicó al caso concreto de la mujer
en su condición de sexo históricamente supeditado a la dominancia
masculina; pero lo que realmente estaba defendiendo, si se hace la
abstracción del sexo, es la necesidad que tiene el ser humano de
contar con 'un cuarto propio'; necesidad y conveniencia.[14]

[14] «Los cuartos difieren tanto; son tranquilos o atronadores, dan al mar, o dan a un patio
de cárcel; tienen ropa colgada a secar; o están vivos con ópalos y sedas; son duros
como crin o blandos como plumas –basta entrar en un cuarto de cualquier calle para

6.6 Vivienda romana del barrio del Trastevere,
junto a Santa Maria in Piscinula

El 'cuarto' al que se refiere Woolf representa el nivel más próximo a
la persona, el más íntimo. En él se expresa con mayor libertad el cotidiano estar en el mundo de cada individuo. Además de ser el cobijo
necesario para resguardar la intimidad del escenario cotidiano de la
sociedad, es un lugar con el cual identificarse y dejar constancia de la
personal existencia, de acuerdo a cada particular modo de ser.

que toda esa fuerza extremadamente compleja de la feminidad salte a la vista– ¿Cómo
podría ser de otro modo? Porque las mujeres han estado sentadas ahí adentro, todos
esos millones de años. Ahora las paredes están impregnadas de su fuerza creadora que
ha superado de tal modo la capacidad de los ladrillos y de la argamasa que ahora debe
atarearse con plumas y pinceles y negocios y política.» Woolf, V. (1929); 1995, p. 97.

Un cuarto propio e independencia económica es lo que Woolf proclamaba que precisa una mujer para poder estar en el mundo con cierta libertad de actuación. Que no es más que un lugar donde estar apartado del resto para poder entregarse a la actividad intelectual, al descanso, a contemplar el mundo. Ese cuarto propio no es más que un lugar para lo personal dentro de lo colectivo; un lugar para que cada cual pueda asegurarse un punto de referencia en la inmensidad del espacio y en la incertidumbre del tiempo. De manera que en este nivel de la casa, la arquitectura se convierte en una expresión de la personalidad íntima de cada individuo.

Y es en este nivel de la casa donde se vuelve a aquello de la circunstancia referida por Ortega y Gasset en su más inmediata formalización respecto del individuo. La casa, como circunstancia inmediata al ser humano forma parte integrante del ser pensante y actuante que es. La casa es el espacio que forma parte esencial del individuo porque en ella le es posible proyectarse con casi el mayor grado de libertad de que es capaz por ser su refugio del mundo tras la frontera de la puerta que lo separa de él y a la vez lo pone en contacto.

La idea de la casa como refugio remite a la necesidad de la existencia de un límite preciso que cree un interior separado del exterior. El interior define el espacio donde se coloca el refugio y lugar de descanso de la vida en comunidad, de las convenciones sociales. Y el exterior es el espacio de lo social, de la convención común. Y no puede haber interior y exterior sin que haya frontera que los separe y que, por tanto, haga posible distinguir lo uno de lo otro con cierta seguridad. Por eso los límites son necesarios, porque permiten conocer qué es algo en medio de todo lo demás; qué es en medio de lo otro.

El límite que separa interior de exterior supone una frontera entre dos mundos. Sin embargo, no es un límite absoluto, no puede ni debe serlo; es un límite permeable y controlado. La permeabilidad del elemento de frontera se produce por puntos que permiten el contacto entre interior y exterior para favorecer un tránsito controlable. El espacio interior requiere un cierto grado de aislamiento, capaz de proporcionar unas condiciones favorables a la intimidad respecto del exterior. Sin embargo, es preciso permitir el contacto entre el mundo interior y el exterior. Y los puntos de contacto, desde donde se mira el

6.7 Puerta lateral entreabierta de la
basílica de Santa Sabina en el Aventino

6.8 Desconocido asomado a una ventana
frente al Ponte Sisto

mundo exterior o por los que se atraviesa de uno a otro tienen algo de misterioso, como elementos que habitan la frontera y la hacen traspasable. Por eso siempre hay algo de mágico en el abrirse y cerrarse de una puerta o de una ventana.

Interior doméstico y exterior son mudos cercanos que se tocan en determinados puntos. Esos puntos de frontera son la puerta y la ventana. La ventana, además de sus otras funciones, es un hueco a través del cual observar el exterior desde la seguridad del refugio familiar, sin tener que franquear la frontera. La ventana es un hueco desde el que mirar atentamente el exterior, cual peces pegados al cristal de su pecera mirando el mundo, que diría Antonio Soler. La puerta, en cambio, propicia un nivel más de acercamiento entre los dos mundos

6.9 Atravesando una puerta en la
liturgia del domingo de Ramos, en la
iglesia de San Juan Bautista, Jaén

porque permite ser franqueada (una ventana también es franqueable,
pero se corre el riesgo de morir en el paso de uno a otro mundo si no
se tiene la capacidad de volar).

El cometido de la puerta como elemento de conexión entre ambos
mundos, interior y exterior, tiene siempre algo del misterio del límite
franqueable. Su apertura disuelve momentáneamente la frontera,
permitiendo el contacto entre dos mundos que han quedado deliberadamente separados. Y como toda frontera es segregación, la puerta
al abrirse y cerrarse permite el tránsito entre ellos en cualquiera de los
dos sentidos con el misterio de no pertenecer a ninguno de los dos. El
momento mágico en que este contacto se hace posible, por cotidiano,
pasa completamente inadvertido de tanto como se repite a diario. Sin
embargo, es un recurso magistralmente empleado en ciertos ritos.

Baste recordar ahora, por ejemplo, las grandes catedrales para darse
cuenta de esto de la puerta como elemento de frontera y la importancia de atravesarla. En ellas existe una puerta que simbólicamente permanece siempre cerrada, precisamente para poder ser abierta sólo
en ocasiones especiales. No ya el templo de Jano, cuyas puertas se
abrían sólo en tiempos de guerra, sino las grandes catedrales donde,

6.10 Autor a la puerta
del estudio seis de
la Academia

si se permanece atento, es posible ser testigos de la solemnidad con
que se escenifica el acto de abrir esa gran puerta que suele estar
siempre cerrada. Sólo que hay que estar muy atentos, pues suele
abrirse para que alguien pase por ella, usualmente con cierta pompa
festiva o fúnebre, como expresión de la importancia que tiene el gesto
de poner en comunicación estos dos mundos segregados. Presen-
ciar ese momento hace vibrar al captar el sentido de la solemnidad
empleada para ese fugaz momento en que se abren las pesadas puertas, normalmente centenarias, y desde el exterior inundado de luz se
vislumbra poco a poco el mundo sumido en la penumbra coloreada o
no del interior. Si la puerta es la central de la fachada principal de la
catedral de Sevilla, algún arzobispo va a pasar por ella, vivo o muerto.
Si, en cambio, es la de la Basílica de El Escorial, sólo con ver al fondo
el rayo de luz atravesando el tabernáculo, poniendo el acento en el
juego perspectivo de la composición, es más que suficiente; y no es
preciso pensar en quién va a atravesar la puerta ni por qué la abren en
ese momento y no en otro.

Abrir una puerta, atravesarla y cerrarla después es acto simbólico
que cotidianamente se repite en innumerables ocasiones. De tanto
repetirlo se despoja de esta solemnidad, que ha de quedar reservada
a ritos en los que quizás sea difícil creer, olvidando la poética que
encierra y su simbolismo. Todavía hay personas muy viejas que, en
los pueblos recónditos de la infancia, se persignan al cruzar el umbral
de sus casas para salir al mundo y lanzarse a sus 'peligros'. Y en ese
gesto atávico, cada vez más escaso por no decir casi completamente extinto (aunque si se mira bien siempre se encuentra), eliminada
la componente ideológica que lo acompaña, se prefigura no sólo el
entendimiento de la importancia que tiene cruzar un límite, sino también el no menos importante de ser consciente de estar haciéndolo.

Los objetos cotidianos: un universo poético

El mundo interior de la casa al que se accede al cruzar la puerta, sin
reparar quizás en la profundidad poética del gesto, pertenece como
circunstancia inmediata al individuo que lo habita. Es un refugio, un
lugar de apartamiento, de retiro del esfuerzo teatral de la vida pública.
Se trata éste de un mundo donde domina la escala cercana: la 'escala
de la cosa' o del detalle. Es un mundo, pues, construido a base del
cuidado en el detalle; ése donde dicen que decía Mies van der Rohe
que se encuentra dios.

Todo en este 'mundo de la cosa' está controlado por el individuo
que lo habita y lo ha creado porque ha sido construido por él para
su descanso y referencia personal e íntima. Las imágenes de ese
mundo interior están fabricadas con la manera en que se encuentran
dispuestos los espacios; también, con cómo se han acondicionado
éstos. Pero no hay que olvidar tampoco que, en gran medida, esas
imágenes se construyen con objetos acumulados según preferen-
cias, necesidades, inquietudes y gustos personales.

En la casa de sir John Soane, por citar un caso bien conocido y lla-
mativo, tan importante para conocer al propietario son los diferentes
espacios como la acumulación ingente de fragmentos, de cosas, de

6.11 Colección de bustos romanos en los Museos Capitolinos

retazos que contienen. Pero en Roma, las grandes colecciones de los príncipes o de los papas no hacen más que llenar de objetos palacios enteros dando una imagen bien curiosa de sus dueños. Baste recordar, por ejemplo, la del cardenal Scipione Borghese, por aquello de contener las magníficas esculturas de Bernini acumuladas allí como si nada, como si fuesen cosas de menor importancia.

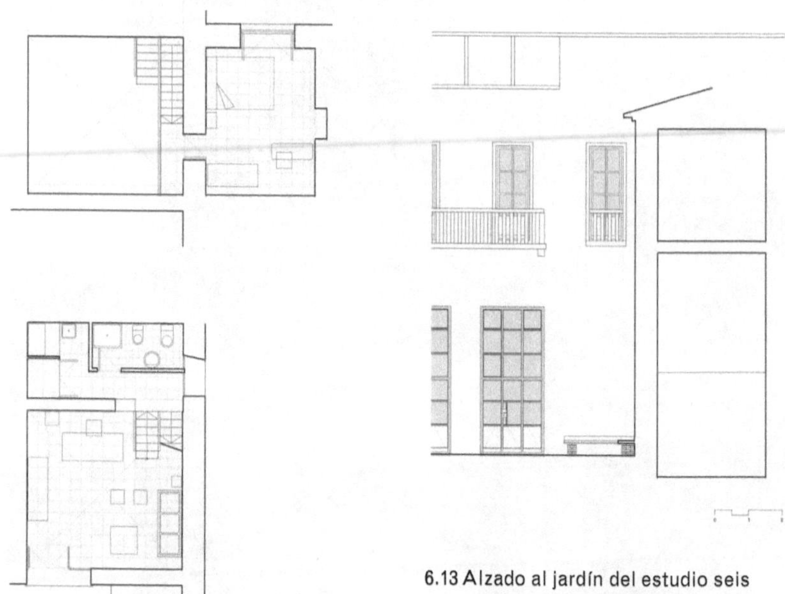

6.13 Alzado al jardín del estudio seis
de la Academia de España en Roma

6.12 Plantas baja y primera del estudio
seis de la Academia de España en Roma

El espacio íntimo queda, pues, cualificado por los objetos que en él se colocan. Prueba de ello es que los espacios suelen durar más que los objetos que los pueblan porque éstos no son más que la expresión del ser del individuo que los habita para dejar en ellos fijos unas referencias estáticas a su existir cotidiano. Y al desaparecer el individuo, los espacios suelen permanecer, pero no así los objetos acumulados en ellos, que, salvo en excepciones, se dispersan y dejan sitio a nuevos objetos que acumula otro individuo que viene detrás.

En la casa no sólo se encuentra el lugar donde cubrir las básicas necesidades existenciales, sino también el espacio que ancla al individuo a este mundo a través de imágenes que fijan sus recuerdos cotidianos. La casa y la manera cómo es acondicionada hablan del deseo de permanencia y proyección en el tiempo del individuo; habla

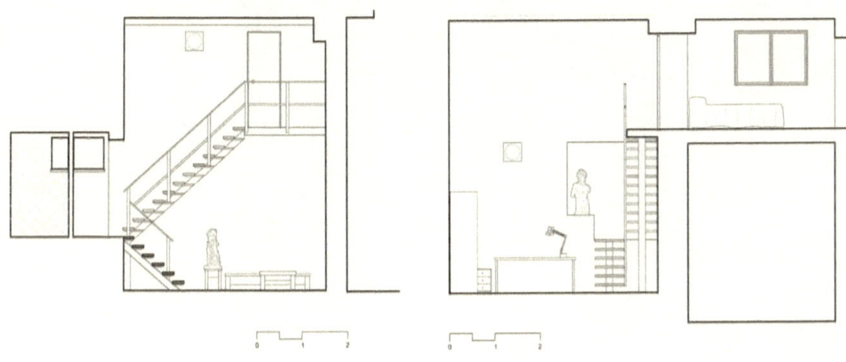

6.14 Sección del estudio seis de la
Academia de España en Roma

6.15 Sección del estudio seis de la
Academia de España en Roma

de la necesidad de dejar en la incertidumbre su memoria, así como de tener acumulada la memoria de todo lo que ha ido viviendo para que lo acompañe por el mayor tiempo posible.

Las estanterías llenas de libros en filas de a tres en fondo a punto de la catástrofe del derrumbe; los armarios cargados hasta casi desfondarse con barras sobrecargadas a punto de ceder ante el peso de las piezas que cuelgan de innumerables perchas, siempre más de las que caben y menos de las que se quisiera. Los cajones a reventar, repletos de cosas (objetos) de la más diversa condición que ni siquiera son usadas, incluso cuya existencia no necesariamente es recordada. Los muebles amontonados y todo lo menudo que sobre muchos de ellos se colecciona estableciendo genealogías inverosímiles. Todo ello, que es una situación más cotidiana de lo que se pueda imaginar, habla del deseo de construir referencias para ligar al individuo con su pasado experimentado; para proyectarlo hacia el futuro, dejando constancia de su existir en este mudo.

Como el ser humano es consciente de la incertidumbre temporal en que vive y de lo frágil que puede resultar su memoria, aunque sea ésta en ocasiones una prodigiosa condena, necesita referencias físicas,

6.16 Interior del espacio de trabajo del estudio
seis de la Academia de España en Roma

reales, con las que evocar sus recuerdos personales. Estas referencias son normalmente objetos, de condición muy diversa, a los cuales
se atribuyen significados que trascienden el del propio uso esperable
o posible. Porque los objetos también son símbolos, además de instrumentos con los que hacer algo; tienen el significado que cada cual
le otorga y que le aporta un valor que trasciende el material. Incluso en
muchos casos, en estos objetos cotidianos el valor que predomina no
es el material ni el de uso, sino que es el valor poético. Y esto es justo
así porque ese valor poético es evocador de imágenes que se guardan amontonadas en la memoria como en repletos anaqueles. ¡Ay, la
memoria, esa gran devoradora de recuerdos y de imágenes!

Esos objetos cotidianos, simbólicos de recuerdos, ayudan a poner en
orden el pasado. Además, introducen cierta estructura de orden en
lo que se conserva de la experiencia vivida. Son puntos de referencia para relacionase con lo vivido, irrecuperable ya en su condición
pasada. Ayudan a evocar a personas que fueron queridas, hechos
memorables, circunstancias que marcaron... Pero también prolongan

al hombre más allá incluso de su propia experiencia personal para remitirlo a tiempos remotos y a imágenes de personas importantes para personas importantes en sus vidas, pero que ni siquiera llegó a conocer por una simple cuestión de imposible coincidencia temporal.

Una simple fotografía de una tatarabuela con la que es altamente improbable coincidir temporalmente en este estar en el mundo puede ser un verdadero tesoro poético. Y eso con independencia del valor artístico, incluso material, de la propia fotografía como objeto en sí. Y es un tesoro porque a través de esa imagen congelada se conserva en el presente, mucho tiempo después de que físicamente desapareciese, la imagen que ella quiso cuidadosamente prolongar hacia el futuro. Así que a través de la fotografía se prolonga ella en el tiempo que le era imposible alcanzar viva. Y la ven sus descendientes, que ella ni siquiera era capaz de imaginar y que tal vez, incluso, lleven su nombre o el de alguien que para ella fue querido, como el de su propio padre. De modo que vive ella en los que la ven, que no la conocieron ni supieron cómo era el tono de su voz o el color de sus ojos al mirarlos de cerca o su estatura, aunque conserven su imagen a través de esa fotografía vieja.

Y lo mismo que esa tartarabuela remota vive a través del monotipo que le hicieron siendo joven, y tal vez ni siquiera aún madre, puede vivir en un simple objeto que no tenga una relación tan evidente con la persona en cuanto a que no reproduce su figura. Puede vivir en los pendientes de brillantes que lleva puestos en la foto, o en el broche con que amarra a su vestidito el ligero pañuelo que tal vez aún perviva entre las cosas que se guardan en el arca de su ajuar de boda o en el tapiz que bordaba en aquel momento y que ahora, enmarcado, campea al lado de un espejo enorme que a saber de dónde ha llegado a aquel cuarto. De modo que ella desaparecerá realmente cuando no exista alguien capaz de ponerle nombre, alguien para quien la imagen que ella dejó siga evocando algún valor poético. Es decir, que esa tatarabuela remota desaparecerá cuando los objetos que dejó, incluida su propia foto, dejen de ser significativos para alguien y pierdan su carácter de signos de su prolongada presencia; la que ella dejó impresa en todos aquellos objetos, incluida su propia imagen en un monotipo de plata, con sus brillantes, y su broche, y su pañuelo y el tapiz que estaba bordando.

6.17 Estudio seis de la Academia de
España en Roma

Claro, que hoy, la invasión de millones de imágenes fotográficas
obtenidas con una facilidad pasmosa hace que se pierda por completo ese valor poético de una imagen fotográfica que antes ayudaba a la
tatarabuela a prolongarse hacia el futuro. Y ciertamente que también
son utilizadas las imágenes hoy como recurso para extender la existencia, pero rebajando la intensidad de su valor poético con el recurso a la cantidad ingente hasta hacer que éste casi sea banal.

Porque esa fotografía de una tatarabuela remota recibida del pasado
estaba, aunque tal vez no se repare lo suficientemente en ello, preparada; fue cuidadosamente estudiada en el detalle para proyectar
hacia un tiempo que evidentemente no alcanzaría una existencia
finita. Además, encierra en la conciencia del valor añadido de su
escasez, hecho que la hace eminentemente simbólica debido a lo
complicado del proceso de obtenerla; que no fue ni parecido al que
hoy se tiene al alcance de la mano en cualquier teléfono inteligente.

De modo que no era instantánea, aunque se la quiera así llamar –la de la tatarabuela–, pues el tiempo requerido para conseguirla no era sin duda un instante, sino mucho más; requiriendo de paciencia y voluntad decidida. Pero eran una paciencia y una voluntad encaminadas al fruto del control de la imagen legada para la preservación del recuerdo en la memoria de gentes desconocidas.

Así que mediante los objetos cotidianos se asegura la memoria ordenada del pasado, sea experiencia propia o haya llegado a través de la vida de otros cuya existencia precedió a la nuestra y con quienes nos unieron lazos de intimidad familiar o sentimental. Pero también los objetos que se atesoran amontonados son huellas que se dejan de la personal existencia; huellas hacia el futuro, aunque esto tal vez se esté poniendo cada día más en crisis en este estado de consumo en que el método se resume en comprar-usar-tirar-comprar-usar-tirar-comprar-... y sea altísimo el grado de obsolescencia de la vida actual y de todo en ella.

Cuando se ha vivido en una casa heredada de una abuela, que a su vez la heredó de un abuelo suyo, quien la construyó al momento de su matrimonio, se sabe bien medir estas palabras de la obsolescencia no ya de los objetos mismos que integran el mundo personal cotidiano, sino el de la propia casa. Es más, se sabe en este caso particular con mayor certeza el valor que es posible asignar a la casa como museo, incluso como mausoleo de generaciones enteras que se pierden en el tiempo; generaciones que desde el remoto pasado han legado su a través de los objetos que aún les sobreviven y que les fueron perteneciendo a sus diversos individuos, aunque sean estos objetos insignificantes y sin más valor material que el poético.

Sin embargo, y a pesar de la escasa pervivencia en el futuro que pueda hoy tener una vivienda, en ella el individuo pone su vocación de extenderse hacia el futuro. Al fin y al cabo no deja de ser individuo tan efímero como lo fueron esos otros antepasados suyos cuya memoria pervive en los objetos que dejó, con las mismas aspiraciones y el mismo sentimiento de finitud. Así que se proyecta con tanta intensidad en los objetos que acumula y en su casa misma, como si su memoria fuese a perdurar mucho tiempo más de lo que sea capaz de resistir porque es parte de él mismo como su circunstancia más inmediata.

Ingenuamente se puede querer dejar la huella de sí mismo en algo tan insignificante como una colección de conchas robadas del mar en diversos momentos. Objetos sin valor material que contienen, sin embargo, una gran carga poética para quien se detuvo en la tarea inútil de recopilarlas y reunirlas. Una carga poética que sólo tiene sentido en el plano de la representación y nada más, pues esas conchas amontonadas evocan momentos vividos que se ha juzgado memorables y se pretende hacer perdurar en la memoria como signos de episodios realmente vividos. Y como signos, no como conchas, tienen un cometido bien concreto al evocar realidades que ya no están presentes y que, justo por esa ausencia, pueden ser representadas en ellos. De modo que la pretensión de pervivir en el tiempo a través de estas conchas-signo será tan alta como que exista alguien capaz de descifrar su significado y trasladarse a la realidad que evocan aún en el plano de la representación.

En cuanto esos objetos-signo dejen de evocar, dejen de tener significado, se perderá la memoria inmediatamente de quien los dejó. Así que los objetos dejarán de tener valor poético en cuanto no evocan nada para alguien; desapareciendo, en ese caso, los recuerdos que llevaban asociados. Porque los signos, como bien explica Foucault,[15] para que haya comunicación y puedan seguir siendo signos, deben poder ser representativos de algo para alguien que sepa descifrarlos. De modo que cuando dejan de ser representativos, pierden su valor de signos y con él su carácter poético. Y sin embargo, es una necesidad que el individuo tiene la de hacerse perdurar en los detalles, tal vez insignificantes, como partes integrantes de su propio ser; como pintar un cuarto de un determinado color o plantar un árbol en un jardín que dentro de cien años, de cincuenta no es preciso fiarlo a tan largo plazo, puede que ni siquiera sea.

La casa, sea como sea, es la expresión más directa de cómo cada uno quiere ser y cómo pretende estar en este mundo. Es, al modo en que explica Hall,[16] la expresión del espacio subjetivo de cada uno. Incluso se puede decir, en referencia al valor poético de los objetos

[15] Foucault, M., 1976.
[16] Hall, E.T., 1966.

6.18 Estudio seis de la Academia de
España en Roma

cotidianos, que la casa es la expresión de cómo el individuo quiere
dejar la huella de su existir. Con ellos intenta seguir viviendo en el
recuerdo de otros que le sobrevivirán a quienes tal vez esos objetos
sigan diciéndole algo, que no tiene que ser siquiera lo que se quiso
que dijesen. De manera que la acumulación de objetos significativos en la casa y la vocación de que éstos permanezcan en la incertidumbre del tiempo más allá de quienes los acumularon convierten
a la casa en museo, incluso en mausoleo, como bien indica el profesor Campo Baeza.[17]

[17] Campo Baeza, A., 1996.

Pero además de esos objetos-símbolo de tamaño pequeño, que los hacen trasladables y movibles, existen otros objetos en la casa, que, por su carácter más que por su tamaño, no suelen ser movidos con frecuencia. Son objetos que determinan ámbitos específicos con una especial carga simbólica además de la funcional que les da el ser objetos usables, útiles, por tanto. Y son objetos cuya permanencia suele ser mayor a la de los otros objetos-símbolo. Vivir en la casa susodicha de la abuela heredada de su abuelo con gran parte de los muebles que unos y otros fueron acumulando en los diversos espacios da cuenta de esta permanencia en el tiempo de estos otros objetos de mayor formato de que se habla.

Uno de esos objetos es la mesa familiar, como centro de reunión. La mesa como lugar en que coinciden los habitantes de la casa en un espacio destacado, cuyo cometido principal suele ser el de reunir a los integrantes para el acto cotidiano y ya casi nada ritual de comer. Tal vez ese sentido poético de este plano horizontal elevado a unos noventa centímetros del suelo, y esa capacidad de generar entorno, que es la mesa de comer se haya hoy devaluado. Quizás ha cedido ante la presencia arrolladora de la televisión; la televisión, que ha ocupado los mayores espacios de la vivienda media y se ha enseñoreado de ellos, convertidos en verdaderos santuarios de este electrodoméstico privilegiado entre los otros electrodomésticos por su capacidad de hacer ingresar en la intimidad del refugio el mundo exterior sin apenas más que presionar el botón adecuado.

Otro de estos objetos que por su valor de uso ha perdido casi el valor poético es otro plano horizontal que suele ser también poco tendente a ser movido: la cama. La cama, además de servir para dormir, es símbolo del retiro más extremo del mundo. Como lugar de reposo y de la más profunda intimidad, la cama también genera su propio entorno como objeto de notable presencia en la casa. El dormitorio es tal vez hoy un entorno que ha perdido la sacralidad que le daba ser centro de la génesis de la vida y lecho para la muerte por el simple hecho de que ya no suelen nacer niños en casa ni morirse tampoco nadie. Así que la cama y su entorno propio, tal vez hayan perdido su valor poético para dejar paso a otro más prosaico y tal vez menos interesante; incluso para no tener ninguno porque ni siquiera el descanso tiene

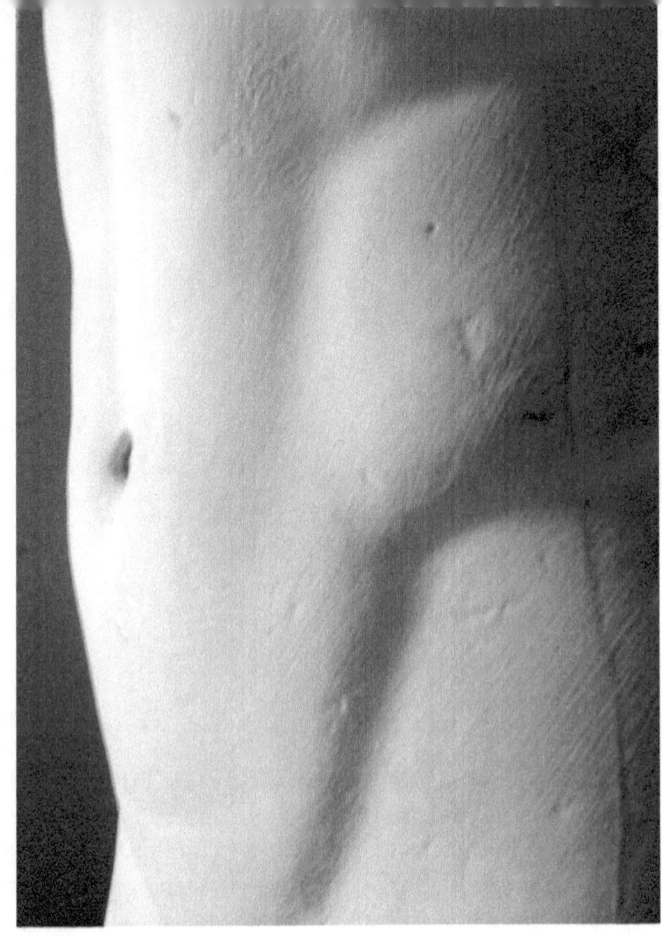

6.19 Estudio seis de la
Academia de España en Roma

ya carácter sagrado dentro del refugio que es la casa. La cama como
plano horizontal que lo mismo es tálamo, como lugar de alumbra-
miento, como catafalco, sacralizaba su espacio por ligarlo directamente a la intimidad del proceso de la vida, que se gestaba y termina-
ba en ella, desde la concepción del niño a la exposición del cadáver.
Aunque, desde luego, sigue siendo uno de los grandes objetos que,
dentro de la casa, cuenta con una presencia innegable, ha perdido
indudablemente ese valor sacro que la ligaba al proceso de la vida.

6.20 Detalle de la pieza de
dormir del estudio seis de la
Academia de España en Roma

A modo de conclusión

La casa es el refugio, es el espacio para la intimidad. Su espacio
normalmente viene dado por otros; más cuando se vive en la casa
que por generaciones perteneció a la familia. Sin embargo, los objetos que la pueblan, cambiantes, tienen la capacidad de llenar esos
espacios cotidianos de significados genéricos –como la mesa y la
cama– o particulares, como fotografías, libros y todo tipo de objetos
de cualquier naturaleza y condición.

El espacio permanece, suele hacerlo con frecuencia. Los objetos
fluctúan en él en el tiempo y de acuerdo, en gran medida, a que sigan
conteniendo en sí el valor poético de símbolos que evocan significados para alguien. Así que el valor poético de los espacios cotidianos
depende en gran medida de la capacidad expresiva de los objetos
que en ellos se contienen; depende de su condición simbólica, que
será tal mientras sean capaces de transmitir un significado, el que
sea, para alguien y evocar realidades no presentes que fueron o son
significativas para alguien.

Un espacio desnudo tiene también, claro está, su poética. Todo significa con tal de que el mensaje que se transmite sea comprendido

6.21 Claustro de la Academia el día de la partida

por alguien. Sin embargo, los objetos ayudan a cargar de significados los espacios cotidianos porque, sobre su valor material o de uso, está el valor poético de la significación que transmiten como expresión del sujeto.

Bibliografía

BACHELARD, Gaston (1957): *La poétique de l'espace*, París: Presses Universitaires de France; versión española: *La poética del espacio*, traducción de Ernestina de Champourcin, Méjico: Fondo de Cultura Económica, 1965

CAMPO BAEZA, Alberto (1996): "Mi casa, mi museo, mi mausoleo", en *La idea construida*. Madrid: Colegio Oficial de Arquitectos de Madrid

CANIGGIA, Gianfranco, MAFFEI, Gian Luigi (1979): *Lettura dell' edilizia di base*, Venecia: Marsilio; versión española: *Tipología de la edificación. Estructura del espacio antrópico*, traducción de Margarita García Galán. Madrid: Celeste Ediciones, 1995

CARPENTIER, Alejo (1949): *El reino de este mundo*, México: EDIAPSA

DESCARTES, René (1637): *Discours de la méthode pour bien conduire sa raison, et chercher la vérité dans les sciences*; versión española manejada: *Discurso del método para distinguir bien la razón y buscar la verdad en las ciencias*, traducción de Risieri Frondizi, Madrid: Alianza, 1979

FOUCAULT, Michael (1966): *Les mots et les choses, une archéologie des sciences humaines*, París: Gallimard; versión española: *Las palabras y las cosas. Una arqueología de las ciencias humanas*, traducción de Elsa Cecilia Frost, Madrid: Siglo XXI, 1968

HALL, Edward T. (1966): *The hidden dimension*, Garden City, N.Y.: Doubleday; versión española: *La dimensión oculta*, traducción de Joaquín Hernández Orozco, Madrid: Instituto de Administración Local, 1973

LYNCH, Kevin (1960): *The image of the city*, Cambridge: The MIT Press; versión española: *La imagen de la ciudad*, traducción de Enrique Luis Revol, Barcelona: Gustavo Gili, 1984

MAILLARD, Chantal (2009): "Salvando las fronteras", en *Contra el arte y otras imposturas*, Valencia: Pre-textos, pp. 223-234

MERLEAU PONTY, Maurice (1944): *Phénoménologie de la perception*, París: Gallimard; versión española: *La fenomenología de la percepción*, traducción de Jem Cabanes, Barcelona: Planeta-Agostini, 1985

NORBERG-SCHULZ, Christian (2000): *Principles of Modern Architecture*, Londres: Andreas Papadakis Publisher; versión española: *Los principios de la arquitectura moderna. Sobre la nueva tradición del s. XX*, traducción de Jorge Sainz, Barcelona: Reverté, 2005

NORBERG-SCHULZ, Christian (1971): *Existence, space and architecture*, Londres: Praeger Publishers; versión española: *Existencia, espacio y arquitectura*, traducción de Adrian Margarit, Barcelona: Blume, 1975

ORTEGA y GASSET, José (1914): *Meditaciones del Quijote*, Edición de Julián Marías, Madrid: Cátedra, 1984

PIAGET, Jean (1926): *La Représentation du monde chez l'enfant*, París: Presses Universitaires de France; versión española: *La representación del mundo en el niño*, traducción de Vicente Valls y Anglés, Madrid: Morata, 1973

TANIZAKI, Junichirō (1993): *El elogio de la sombra*, traducción del original japonés de Julia Escobar, Madrid: Siruela, 1994

TUSQUETS BLANCA, Oscar (2003): *Dios lo ve*, Barcelona: Anagrama

WAGENSBERG, Jorge (2004): *La rebelión de las formas o cómo perseverar cuando la incertidumbre aprieta*. Barcelona: Tusquets

WOOLF, Virginia (1929): *A room of one's own*, Londres: Hogarth Press; versión española: *Un cuarto propio*, traducción de Jorge Luis Borges. Buenos Aires: Sur, 1936

7.

ESTO SÍ QUE ES UNA PERFORMANCE

Este texto fue publicado en su versión original en la revista digital de humanidades y ciencias sociales *El Genio Maligno*, Granada: Asociación Cultural Chancro, 2013, 12: 118-128; ahora se publica en versión revisada.

7.1

TÍTULO: *Estudio 6.*

AUTOR: Un pensionado de Arquitectura en la Academia de Roma.

LUGAR: Espacio cerrado, 4,60 m × 4,50 m × 5,80 m, delimitado por cuatro paredes un suelo y un techo altísimo que no llega a verse en la imagen, pero que es una de las principales cualidades del contenedor espacial del que es parte esta escena; colocado en un edificio al borde de un precipicio en una de las siete colinas de la antigua

Roma, el Gianicolo; con acceso desde el antiguo huerto de un
convento de hermanos franciscanos transformado en casa de aco-
gida de viajeros extranjeros en una ciudad de referencia a cargo
del gobierno de España; ocupando a todos los efectos territorio
español, a pesar de estar en suelo romano, por quedar dentro del
perímetro simbólicamente definido mediante unas líneas (ente-
lequias) materializadas bien en tapias o en cadenas oscilantes
tendidas entre dos hitos de travertino romano que delimitan parte
del terreno asignado a la Embajada Española ante la República de
Italia (una simple catenaria sobre un mar de adoquines irregulares
marca el límite impreciso entre Italia y España... auto de fe... gesto
arquitectónico en auxilio de una delimitación jurisdiccional... de
un lado de la cadena los Carabinieri con sus motos flamantes,
sin despeinarse ni con el casco puesto, estupendos ellos en todo
momento, que nunca se sabe lo que se puede presentar a lo largo
del día... el hombre italiano..., del otro lado sobre el mismo plano
irregular de adoquines de basalto, la Guardia Civil... ninguno tiene
capacidad de traspasar el plano invisible de esta frontera inverosímil, cuestiones de forma, a pesar de que unos respiren el aire que
los otros exhalan, así de raro... puedes estar simultáneamente con
un pie en Italia y otro en España sobre el mismo suelo romano...);
a unos pasos tan sólo del lugar de la escena, en uno de los patios
del desmantelado convento, el más conocido, por el que hay que
pasar necesariamente para llegar al jardín actual que fuese huerto,
hay una joya arquitectónica universal; esa joya es ni más ni menos
que un objeto construido para contener un hueco, un hueco oscuro... *Oscuro como la tumba en la que yace mi amigo*, que diría Lowry,
al fin y al cabo un hueco que contiene aire nada más...; precisamente, fijándose un poco más en los objetos que componen la
escena, la imagen de este objeto para contener un simple vacío
(a pesar de haber serias dudas de que sea el hueco que dicen ser
inter duas metas, que no es ni más ni menos que una excusa como
otra cualquiera de la que se sirve la arquitectura para expresarse),
es la que se reproduce en el cartel que está colgado en el plano de
fondo... ¿tendrá algo que ver o es pura casualidad? (existe la ligera
sospecha de que no hay nada casual en esta imagen... habrá que

confirmarlo); el lugar está iluminado diagonalmente mediante un gran plano acristalado, 1,90 m × 4,20 m, que no se ve en la imagen porque cae fuera del campo visual al compartir plano con la posición del observador, pero cuya presencia se intuye por el efecto de la iluminación sobre los objetos que se aprecian; el plano acristalado, que deja en cierta oscuridad la esquina derecha del fondo, es accesible en su parte baja (que es precisamente de vidrio translúcido) pero sólo puede ser oscurecido, y ni siquiera en un alto grado, en su mitad superior (que es precisamente de vidrio transparente) mediante la adición de un ligero velo que matiza la luz diagonal que entra a raudales en el cuarto cuando el sol pasa delante del jardín; la luz entra de suroeste desde el nivel del plano donde está colocado el observador, perpendicular al plano de la escena, dejando en cierta sombra la esquina derecha del fondo; justamente esta iluminación es simétrica a la que se puede encontrar en los bodegones de Zurbarán o las magníficas escenas interiores pintadas por Vermeer (siempre en diagonal de izquierda a derecha, mientras que ésta es diagonal de derecha a izquierda); esta iluminación podría haber sido invertida en la imagen, tal y como hoy permiten con gran facilidad los programas informáticos de manipulación de imágenes, para hacer más explícita la referencia pictórica, sin embargo no se ha hecho, tal vez por poner de manifiesto precisamente esta divergencia con la aparente referencia visual (otra vez salta la sospecha de que aquí no hay nada al azar... se va confirmando la hipótesis más arriba lanzada).

DURACIÓN: Apenas un parpadeo; un súbito abrir y cerrar de ojos, *In ictu oculi*, que diría Valdés Leal con voz que hay que imaginar de ultratumba desde la iglesia del Hospital de la Caridad de Sevilla; para ser más precisos, si es que hubiese que serlo, justo lo que tarda en abrirse y cerrarse el objetivo de una cámara digital Lumix Panasonic DCM-FX100, sostenida a pulso a 1,60 m sobre el suelo, que es la altura desde la que decía Le Corbusier que un hombre de estatura media percibe el mundo (en su versión Modulor de 1,75 m... que, por otro lado, es la altura usual, misteriosamente casual, del autor de la imagen cuando se calza los zapatos que suele usar a diario...); en resumen resumiendo, un instante, de duración imprecisa de tan pequeña, por lo que la imagen sí que puede ser llamada instantánea... aunque lo que en ella se ve no haya sido preparado en un solo instante, sino más bien en un momento, en un momento algo extendido... (¿Realmente la escena sigue pareciendo casual?... aquí hay algo que no cuadra para que sea todo de apariencia tan espontánea.)

ACCIÓN: En la escena parece reinar una aparente quietud. Es el interior de una estancia iluminada diagonalmente, con diversos objetos colocados en apariencia casual: en primer plano una mesa baja (negra) y dos asientos también bajos (dos puf como cubos grises); sobre la mesa negra unos libros, un tazón blanco, un plato con cuatro manzanas brillantes, un folleto como dejado caer y un ramillete de flores; al fondo un sofá-diván blanco con cojines grises (no tiene respaldo, se apoya directamente sobre la pared pareciendo más una cama improvisada que un sofá) con una manta revuelta sobre él; también en el fondo una escultura que reproduce la Victoria de Samotracia, sólo que sin alas...; junto a la Victoria, un teléfono negro... (¿qué hará precisamente ahí ese teléfono negro?); y en la pared un cartel con el templete de San Pietro in Montorio (de Bramante, justo el tema de uno de los enormes libros que hay sobre la mesa...). Calma aparente en la escena, como si se hubiese detenido el tiempo por un instante y permitiese ver un tranquilo interior con cierto aire 'poético' (algo hay en él como de bodegón de Zurbarán o de Chardin, incluso como de interior de Vermeer o de Rembrandt, salvo que no hay personas en él, sólo objetos, lo cual puede invalidar esta primera impresión; es preciso meditarlo). Hay como algo de atractivo en la imagen con los objetos dispuestos en la escena para que la luz diagonal los ilumine. En resumen resumiendo: calma, quietud, silencio.

No hay nadie en la escena y sin embargo parece haber sido abandonada hace apenas un instante. Ahora está en silencio (?), en quietud (?), sin presencia corpórea de una persona, que parece, sin embargo, acabar de salir del cuadro. Apenas hace un instante, lo que dura un aleteo de una mariposa tal vez, alguien ha salido de ella, seguro; alguien ha abandonado apresuradamente la escena dejándola tal como está. La manta del sofá del fondo, donde tal vez ese desconocido haya estado durmiendo la siesta al calor de la luz primaveral que irrumpe en diagonal por el plano acristalado desde el jardín, delata que ese alguien acaba de salir del plano visible; hace sólo un instante, ¡zas!, se ha dado prisa y ha desaparecido, no se ve ya su figura... pero ha dejado la manta revuelta. Ahora mismo, en el instante justamente anterior al parpadeo de la cámara Lumix-etc. Casi se puede aún percibir la tibieza del cuerpo ausente en la manta desordenada del fondo. Si no hubiese sido lo suficientemente rápido en desaparecer de escena su cuerpo habría sido capturado en la imagen. Sin embargo, ha sido rápido... será que no quería salir en la foto. Y pese a no haber sido capturado en forma mortal algo hay en la escena que lo evoca necesariamente. Ese alguien se ha ido, pero ha dejado su espacio, su espacio habitado con objetos que le son cotidianos.

¿Cómo es ese alguien?, no se sabe, tal vez no importe. No obstante ha dejado muchos datos que hablan de él (o de ella, da igual, no se trata ahora de eso). No ha sido demasiado hábil si realmente quería evitar la foto (?), ha dejado demasiadas pistas en la escena (aunque tal vez su habilidad esté precisamente aquí y esta escena sea lo que quiera contar de sí mismo y no sea falta de habilidad, sino operación calculada... pudiera ser...) Porque la acción se desarrolla en un interior habitado por ese desconocido que ha huido furtivamente. Es un interior construido así y no de otro modo para que así sea. En esa construcción del lugar el desconocido se ha expresado, de modo que lo ha convertido en espacio expresivo de sí mismo... lo ha convertido en parte suya, en prolongación de su yo-sujeto a través de todos esos objetos... Qué sea él, no se sabe... Sólo son visibles los objetos que ha dejado ahí dispuestos. Así que, aunque no aparezca en forma corpórea, como las manzanas, los libros, la Victoria o las flores, está en la escena como lo están las manzanas, los libros, la Victoria o las flores que ha colocado con el orden visible, aunque aparente un cierto desorden, pues también la apariencia es engañosa y no suelen ser las cosas lo que intentan mostrar que sean de costumbre.

La presencia del cuerpo ausente que acaba de levantarse del sofá dejando la manta en desorden (¿en desorden casual?) para salir rápidamente de escena y no ser capturado es aún en cierto modo evidente. Se ha ido, pero ha dejado sus objetos; sus objetos y su propio orden... porque cada cosa tiene un sitio, ocupa un lugar dado y no otro... y entre todas componen un orden, introducen una cierta estructura en la escena: cerca, lejos, iluminación, sombra, figura, fondo... Sólo hay que saber mirar; indagar en el porqué de las cosas dónde y cómo están...

Esta quietud silenciosa, este tiempo como detenido... sin embargo, no hace más que referenciar al también silencioso paso del tiempo, pues hace un momento que alguien acaba de abandonar la escena dejando la manta revuelta. Esa manta... esa manta que tal vez sea lo que introduce cierto desasosiego en el interior de paz, en la belleza pretendida de la imagen. Esa manta desordenada hace que haya una aparente contradicción con la referencia a Zurbarán mencionada (o Chadrin, o Rembrandt, o Vermeer...) porque es el elemento discordante dentro del orden que se esperaba ver... (no es un elemento poético, es más prosaico que una manzana, que un libro, que una flor...) y sin embargo, esa manta da tanta información de la acción... Los libros sobre la mesa están cerrados, la manta está revuelta... eso quiere decir algo; sin duda que quiere decir algo.

A pesar de la quietud aparente en la escena el tiempo pasa; pasa aunque no haya reloj que dé constancia de ello. No sólo por el súbito huir del personaje que lo ha dejado todo como está (incluida la manta revuelta). No se sabe exactamente qué hora es y, sin embargo, el tiempo pasa (aunque se encuentre instantáneamente como detenido, como congelado...) ¿No hay reloj? Habrá que mirar un poco más... ¿No lo hay? ¿Seguro? No hay reloj como el de *la reina Mariana*, de bronce sobre una mesa pesada forrada con terciopelo rojo... No lo hay, ciertamente no hay ese reloj ni otro más moderno con los números en brillante parpadeo. ¿Pero no hay reloj que dé cuenta del inexorable paso del tiempo? ¿No lo hay? No hay mecanismo artificial que con su sonido rítmico marque el ritmo cadencioso del silencio y a pesar de eso, a pesar de no haberlo en esa forma, el tiempo sigue pasando. Unas flores encima de una mesa... Unas manzanas sobre un plato blanco, cuatro manzanas lustrosas sobre un plato de porcelana blanca... La misma luz iluminando la escena... Fijándose bien, es preciso agudizar la mirada (no todo es tan fácil como se quisiera), las flores se aproximan peligrosamente al inicio de su marchitarse; está a punto de comenzar a deshacerse sin remedio su aparente belleza dando paso a la decrepitud de la muerte (al fin y al cabo alguien las ha cortado y las ha colocado en un vaso con agua sobre esa mesa para contemplar su belleza mientras poco a poco se pudren). Fijándose bien, puede apreciarse cómo una de esas lustrosas manzanas, de las cuatro del plato, ha comenzado a pudrirse... Se aprecia en ella un leve punto negro que no ha querido ocultarse... primero un ligero punto negro, después el desastre... y eso es indicio de la muerte latente que va haciéndose poco a poco patente, tomando terreno... La muerte... ¡Ay, la muerte! (*Cave cave, Dominus videt...*)

¿Se puede seguir pensando ahora que no hay reloj? Pues aunque no lo haya como máquina para medir el paso inexorable del tiempo, el tiempo sigue pasando como si nada; haya algo para medirlo o no lo haya, el tiempo pasa y basta. Todo lo que aparece en la escena, desde el primer objeto hasta el último, habla de ello; todo lo que aparece en la escena, colocado como con descuido, remite, por un lado, al sujeto creador del orden que se ve y, por otro, al tiempo que pasa aunque no sea fácil darse cuenta si no se piensa en que está pasando. Todo, pues, parece estar construido bajo la referencia de dos elementos bien importantes: la ausencia y la muerte.

Además, la luz. La luz que entra en la habitación diagonalmente para incidir sobre los objetos y crear esa atmósfera particular... Esta luz que dura un instante y a pesar de ello construye la escena tal y como se ve ahora. Esta luz que es ésta y no otra porque la hora es ésta y no otra; porque se ha querido que sea esa y no otra... irrepetible, por tanto, porque el tiempo pasa y no vuelve sobre sus pasos a pesar de que haya imágenes como ésta, que pretendan congelarlo en un momento impreciso para durar lo que dure el soporte donde se reproduce.

Quien ha salido corriendo de la escena para no ser capturado ha
dejado todas estas cosas dispuestas, cualificando el espacio que le
es cotidiano y que él no ha construido, sino que le ha sido dado. Y a
fuerza de mirar todo lo que ha dejado, de tanto mirarlo, se conoce un
poco a ese alguien que lo ha dejado como lo ha dejado y no de otro
modo. Pero la escena no está congelada, el tiempo le afecta, el paso
del tiempo. En un instante la luz cambiará en la escena real (que tal
vez ya ni siquiera exista como se ve ahora)... En breve la primera flor
se marchitará y caerá, exangüe, del ramillete a la mesa. En el avance
del tiempo el punto de la manzana ya no será punto sino que pasará
a ser superficie y la podredumbre terminará por hacerse con ella,
avanzando lenta pero seguramente, y con las demás, si no se remedia
(comiéndosela antes o tirándola para que no estropee el cuadro y el
resto de las manzanas...) Quedarán la Victoria, el sofá/diván-improvi-
sada-cama, el teléfono negro, la mesa, los puf, tal vez los libros...

La escena ha sido construida por su habitante, que lo es de un espacio prestado que ha tenido que acondicionar a su ser y a su estar
en el mundo. La escena es fruto de la expresión de ese misterioso
alguien que acaba de salir del cuadro dejando la manta revuelta
sobre la improvisada cama del fondo. Y tal vez ya ni siquiera exista
más allá de esta imagen tomada con la cámara Lumix-etc. Con seguridad que no existe ya más allá de esta imagen. No ya sólo porque
las flores se marchiten del todo, las manzanas se pudran del todo o
alguien se las coma, se vaya la luz y vuelva... Deja de ser porque ese
desconocido se va, deja esta casa romana, regresa a la suya donde
quiera que esté... y todo vuelve a revolverse porque detrás otro llega
y construye su orden con esos u otros objetos (los que no hayan
sucumbido al efecto del tiempo pasado)... Estará la mesa, pero
en otro sitio. Y el sofá se queda, seguro, pero ya sin manta, tal vez
convertido en asiento de recibir o en cama... Y los puf se emplearán
tal vez como asiento para descalzarse antes de ir a la cama o como
escalón improvisado para alcanzar algún libro colocado muy alto en
la librería que no sale en la escena por estar en el sitio que ocupa
el que ha tomado la foto... Y la Victoria será devuelta al almacén de
esculturas de donde fue rescatada una tarde cualquiera con permiso

o sin él, junto con otras piezas más olvidadas que en un momento anterior tuvieron su sitio ocupado hoy por otros objetos... Y se
arrancará el cartel... Y los libros regresarán al olvido de una biblioteca que nadie utiliza o a otro estudio cualquiera... Y este espacio,
el del 'Estudio 6' dejará de ser de ese alguien que huyó rápidamente
antes de producirse el parpadeo de la Lumix-etc. y pasará a ser de
otro que viene después y luego de otro... y de otros muchos que ven-
drán después de ese otro y de esos otros, etc., que será arquitecto
(arquitectos todos), lo más probable, por esa norma no escrita que
aloja en los apartamentos del jardín de la Academia a los pensionados de Arquitectura (suerte que tienen ellos)... y que lo interpretará
a buen seguro de otra manera bien distinta a lo que vemos ahora y
que ya seguro no existe...

De modo que ya no existe esta imagen más que aquí, en esta fotografía. Se ha borrado la huella del fugitivo... Y sólo quedan algunas cosas,
no todas... Y ahora este mismo espacio cerrado, 4,60 m × 4,50 m × 5,80
m, delimitado por cuatro paredes, un suelo y un techo altísimo que
no llega a verse en la imagen, pero que es una de las principales
cualidades del contenedor espacial del que es parte esta escena [...]
iluminado diagonalmente mediante un gran plano acristalado, 1,90 m
× 4,20 m [...] ya es espacio expresivo de otro inquilino fugaz. Y con
los mismos objetos, o parte de ellos, se introduce un nuevo orden
distinto, que habla también de ese nuevo inquilino que tal vez haya
venido a Roma a disponer de tiempo para contemplar el mundo; sólo
a eso, a contemplar el mundo... es decir, a no hacer nada y a hacerlo
todo... y a aprender de la ciudad, teniendo en todo momento bien
abiertos los ojos, como dos peces asomados al cristal de su pecera
para mirar el mundo.

8.

EL OJO EN LA ESQUINA

Este texto fue publicado en su versión original en Montalvo, D.; Flores, J.A.; Conde, J. *et al.*: *Plan B*, Madrid: Hablar en Arte, 2010 como parte de la aportación a la exposición fin de estancia en la RAER, 2010; ahora se publica en versión revisada.

En arquitectura el detalle tiene una importancia en la que a veces no se repara. Los pequeños gestos sirven al arquitecto para expresar su voluntad de control de lo proyectado. Hacer arquitectura no es otra cosa que construir ideas para ofrecer un espacio al hombre donde sea posible su vida. Y de esta intención de construir el espacio donde vive el hombre, de este pensar el espacio para el hombre, la necesidad de atención al detalle.

Hay preocupaciones que rondan a los arquitectos independientemente del tiempo y de los medios de expresión que utilicen. Ésta del detalle es una de ellas. Se puede repasar la magnífica obra de Mies van der Rohe, de quien dice que decía que dios está en el detalle, fijándose en cómo resuelve las esquinas de sus edificios para ver su constante preocupación por el detalle. A través de sus propuestas no hace otra cosa que meditar sobre las relaciones de los elementos que maneja para crear su arquitectura.

Mirar hacia la esquina es un ejercicio para intentar comprender las relaciones entre piel y estructura, los problemas derivados de los sistemas de proporciones y modulación. Mirar hacia la esquina es intentar indagar en la percepción visual del espacio, en su detalle. Y aunque sea cuestión de léxico, la resolución de la esquina es un ejercicio de atención a lo pequeño.

La esquina, como encuentro de dos planos, es punto singular en el que recae la mirada inevitablemente. Resolverla se convierte en un delicado ejercicio de precisión; es una cuestión de sensibilidad y de lenguaje porque sirve como comprobante de las leyes que uno se impone a la hora de construir la envolvente de un espacio. La singularidad de estos puntos está en su papel en la percepción del espacio que ayudan a formar y definir. La limpieza de sus soluciones habla de la claridad de intenciones de quien las piensa.

El repaso analítico que se propone por ejemplos de arquitectura claustral en Roma quiere incidir brevemente en estos puntos singulares que son las esquinas como encuentro de dos planos. La esquina se trata aquí como detalle de arquitectura. Las soluciones por las que se pasa hablan de una experiencia del espacio arquitectónico a través de la configuración de las superficies que los delimitan, aunque todos los ejemplos que se han seleccionado sean precisamente claustros, donde falta el techo y que, por tanto, son 'cajas abiertas al cielo'.

La arquitectura claustral en la que se pone ahora la mirada, entendida como piel, toma en todos los casos la columna como objeto de orden compositivo; es cuestión de léxico. La columna es excusa en todos los casos para dotar de proporción a la superficie que define el espacio construido, para organizarla de una manera clara.

En un primer grupo la columna es empleada como elemento del lenguaje arquitectónico, separada de la función portante que se supone le da sentido. Clara referencia al modelo de organización de la fachada del Coliseo o del Teatro de Marcelo. En el segundo caso, la columna es empleada en su doble función de elemento portante (perteneciente a un orden estructural) y como elemento del lenguaje formal.

Se pretende mirar más allá del aspecto puramente descriptivo. Así que lo que se propone es un acercamiento analítico a esta arquitectura claustral a través de poner el ojo en la resolución de los encuentros de los planos que componen su superficie. Interesan estos puntos singulares porque en ellos los arquitectos muestran su maestría y sus inquietudes. Se trata de una cuestión de capacidad de control de los elementos con los que se elige hacer arquitectura. Es cuestión de puntos, líneas y planos.

PALACIO FARNESIO

En el patio del Palacio Farnesio la modulación de la fachada está resuelta por la solución de arco enmarcado por un orden arquitectónico que da soporte a la organización y a la proporción del alzado y de la planta. Se trata de una solución claramente tomada del Coliseo o del Teatro de Marcelo. La esquina adquiere aquí una gran rotundidad en el conjunto, pues se dobla en el ángulo las columnas modulares y se transforma en un punto de gran potencia visual. El cierre del patio adquiere robustez gracias a este recurso de doblar en la esquina las columnas modulares por yuxtaposición de dos planos iguales y perpendiculares entre sí.

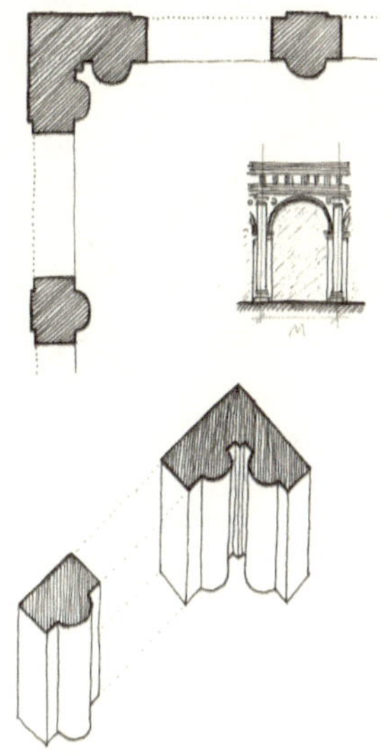

8.1

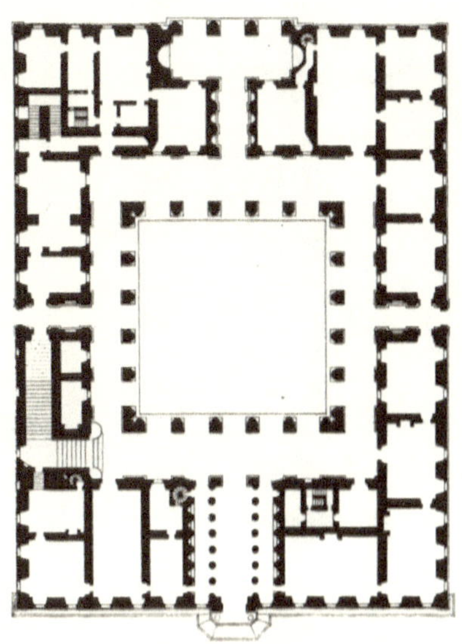

8.2 Planta del Palacio Farnesio

8.3 Patio del Palacio Farnesio

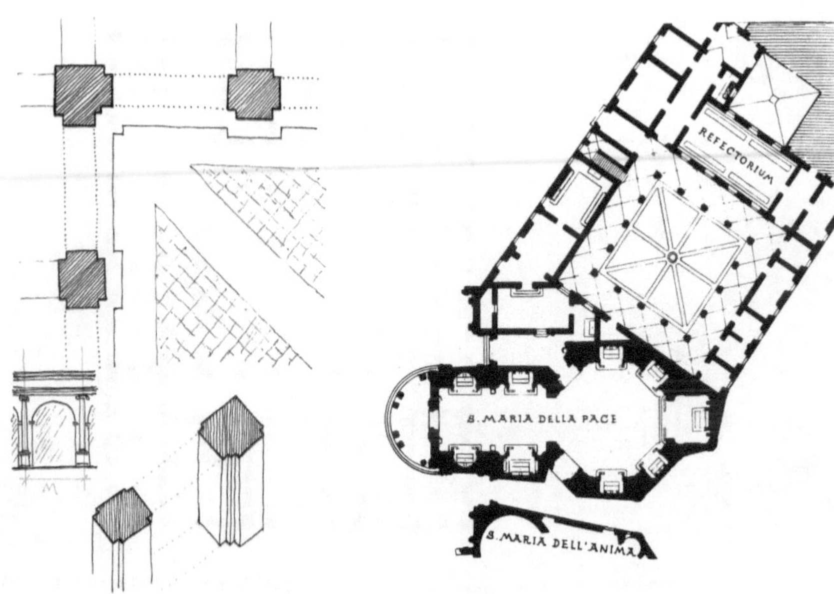

8.4

8.5 Planta del complejo de iglesia y
claustro de Santa Maria della Pace

8.6 Frente del claustro de Santa
Maria della Pace

8.7 Esquina del claustro de
Santa Maria della Pace

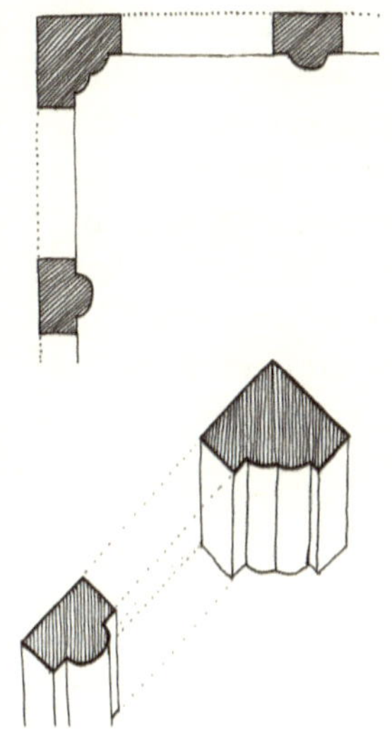

8.8

8.9 Galería al jardín del Palacio de Venecia

CLAUSTRO DE SANTA MARIA DELLA PACE

En Santa Maria della Pace Bramante plantea una esquina sutil mediante el recurso al pliegue del plano de fachada. La modulación que organiza la fachada se pliega para resolver el encuentro entre dos planos perpendiculares, como si de un fino papel se tratase. La pilastra que ordena proporcionalmente el alzado se convierte, así, en filamento en el pliegue de la esquina. No desaparece por completo, sino que marca la verticalidad de las líneas que ordenan el espacio convirtiéndose en la mínima expresión. Y en esta pervivencia sutil, esta pilastra-filamento es indicio del recurso de plegar frente al de yuxtaponer.

GALERÍA DEL PALACIO DE VENECIA

En la esquina interior de la galería en L del Palazzo Venecia se produce una intersección del módulo que rige el orden de la superficie

de fachada. La intersección de los dos cilindros de las columnas
límite da potencia a una esquina especialmente expuesta a la luz.
No es éste el ejercicio sutil de plegado de la esquina que hace Bramante en Santa Maria della Pace; tampoco, el de la yuxtaposición
rotunda del Palacio Farnesio, con las dos columnas enteras en el
encuentro. En este caso, se trata de una intersección de dos planos
iguales y perpendiculares entre sí. Se trata de un estado intermedio
donde visualmente se potencia la esquina por el procedimiento de
intersecar las dos columnas de los planos perpendiculares que con-
figuran ambos alzados de la galería.

CLAUSTRO DEL PALACIO DE VENECIA

En el claustro del Palacio de Venecia la solución a que se llega es
la de doblar la columna en la esquina para aportar rotundidad al
esquema. En este caso, la columna empleada como elemento portante se dobla en la esquina introduciendo potencia en un punto
susceptible de fragilidad visual. La rotundidad de la doble columna
construye contundentemente el encuentro entre dos planos perpendiculares que se yuxtaponen, como en el Palacio Farnesio.

CLAUSTRO DEL HOSPITAL DEL ESPÍRITU SANTO EN SASSIA

El claustro del hospital del Espíritu Santo es tal vez el caso más
sencillo de la solución de esquina claustral de los ejemplos romanos y también, el de mayor fragilidad. Empleada la columna como
elemento portante, lo que sucede en las cuatro esquinas del claustro es simplemente que el plano de fachada se pliega como si de un
papel se tratase. La columna de esquina es única, pertenece a los
dos alzados adyacentes simultáneamente. Y como es idéntica a las
demás columnas, la impresión visual es de una llamativa fragilidad.

CLAUSTRO DE LA CANCILLERÍA APOSTÓLICA

La solución de esquina adoptada en el patio de la Cancillería Apostólica es de una gran fragilidad por su condición de pliegue de la

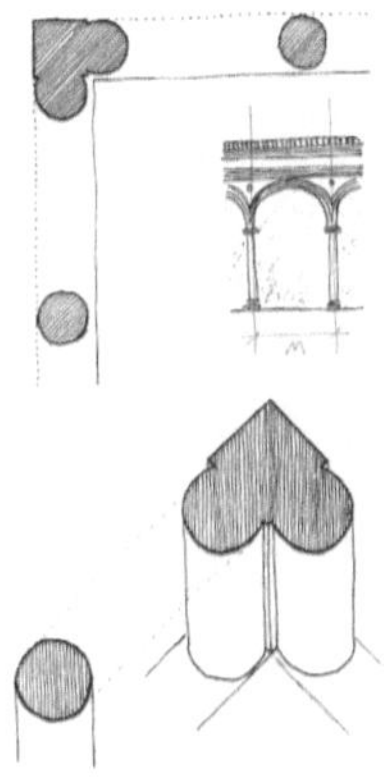

8.10

8.11 Esquina de la galería del claustro del Palacio de Venecia

8.12 Galería del claustro del Palacio de Venecia

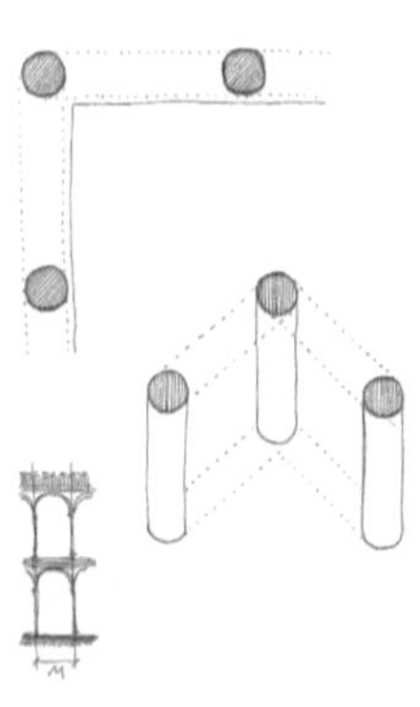

8.13

8.14 Claustro principal del hospital del Espíritu Santo en Sassia

8.15 Detalle de la esquina en el claustro principal del hospital del Espíritu Santo en Sassia

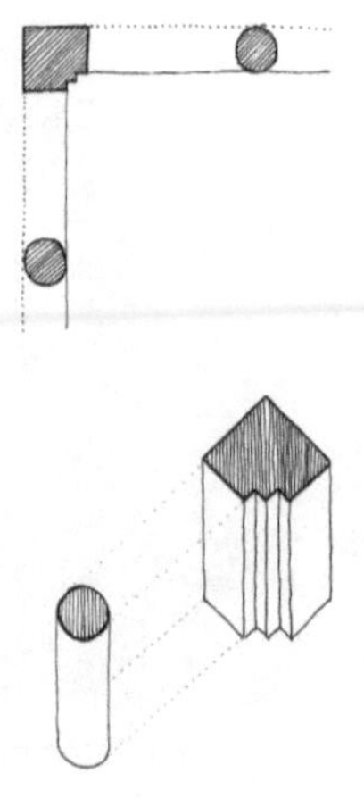

8.16

8.17 Claustro del Palacio de la Cancillería Apostólica

superficie perimetral, a pesar de introducir en el punto de pliegue
un elemento distinto. El ejercicio es un paso más dado en el sentido del claustro del hospital del Espíritu Santo. Las arcadas de las
fachadas del claustro se apoyan en columnas de fuste cilíndrico,
como en el hospital. Y las esquinas se hacen también mediante un
pliegue del plano de fachada. Sin embargo, en el pliegue se produce
un cambio de elemento tipo en atención al punto singular. Desaparece la columna de la esquina, punto frágil en el Espíritu Santo, y se
sustituye por un pilar de fuste cuadrangular. A pesar de este cambio
de sección y geometría en el pliegue, la esquina no resta esbeltez al
conjunto y aporta imagen de cierta fragilidad visual, que tan sólo es
algo menor que la del Espíritu Santo, pero muy poco.

SAN CARLO ALLE QUATTRO FONTANE

Borromini niega la esquina como encuentro de dos planos. La suya
es un pliegue sin llegar al ángulo recto. En el pequeñísimo claustro
de San Carlos, la fachada se pliega en cada esquina en una curva
que elimina la percepción perspectiva del espacio interior. Desaparece el punto singular porque se ha doblado el elemento columna

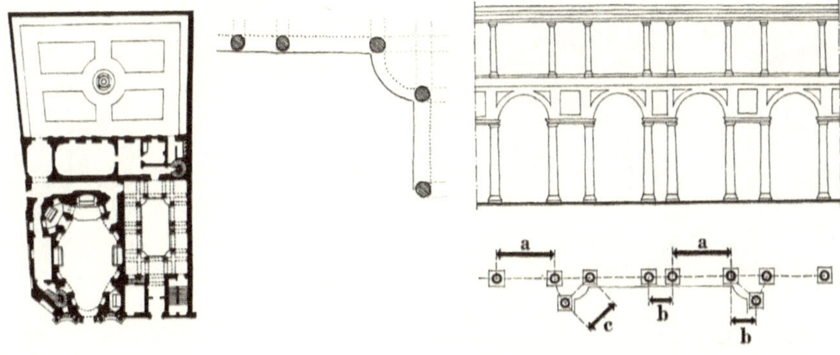

8.18 Conjunto de iglesia
de San Carlo alle quattro
fontane y convento de los
trinitarios descalzos

8.19

8.20 Alzado desplegado del claustro del convento de los trinitarios
descalzos de San Carlos Borromeo

8.21 Claustro del convento
de los trinitarios descalzos,
San Carlo alle quattro
fontane

8.22 Pliegue en el quiebro del alzado del
claustro del convento de los trinitarios
descalzos

que lo marcaba. De manera que el pliegue se produce coincidiendo
con la masa de la columna, como hasta ahora, sino coincidiendo
con el vano. Como el espacio es tan pequeño es abarcable en un
solo golpe de vista. Así que Borromini apuesta por la percepción
de paramento continuo, más que por el de paramento que se pliega
rotundamente hasta cerrar la caja del claustro. Y al hacerlo, invierte
lo que se esperaba: donde debería haber masa, hay vacío.

9.

A UN METRO SESENTA
SOBRE EL SUELO
Reflexiones a raíz de la visita a Madrid de un viejo conocido romano

Este texto fue publicado en su versión original en la revista digital de humanidades y ciencias sociales *El Genio Maligno*, Granada: Asociación Cultural Chancro, 2012, 11:124-151; ahora se publica en versión revisada.

Uno de los beneficios tangenciales de la visita del papa a Madrid durante el verano de 2011 para aquello de las Jornadas Mundiales de la Juventud fue ofrecer a los madrileños y visitantes la magnífica e irrepetible posibilidad de ver en casa a un viejo conocido romano. Los movimientos de Su Santidad por este mundo anodino en que andan los mortales a diario estaban milimétricamente calculados. Contra lo que pueda aparentar, no hubo un paso que diese que no estuviese previa y meticulosamente pensado. No en vano Benedicto era perfectamente consciente de lo que representaba como símbolo y de estar actuando constantemente ante el mundo como tal, lo que no dejó de hacer con elegancia hasta para bajarse del solio pontificio. Por eso, mucho antes de poner uno de sus piececitos (calzados envidiablemente con esos zapatitos rojos herederos de la antigua pompa oriental) en esta ciudad nuestra por la que nos movemos a diario, Madrid ya se estaba preparando para acoger su llegada.

Madrid se estaba poniendo a punto entonces ya con meses de antelación para el sobrecogedor espectáculo de verse convertida por un breve período de tiempo en Roma. Sí, para convertirse temporalmente en Roma durante la visita papal, he dicho bien, aunque pueda ser escandaloso. Y se ha dicho porque esa es una cualidad papal que suele pasar usualmente inadvertida: llevar Roma allá donde el papa va. Con independencia de que sea éste, el otro o uno distinto que venga luego (con independencia de que nos caiga bien, mal o regular... incluso de que creamos o no lo que dice), el papa lleva en sí la capacidad de trasladarse con Roma allá donde va; tan indisolublemente unidos están ya ambos. Y si se afina la mirada, si se está atento, es posible contemplar este inmenso poder de transformación en Roma de aquel suelo que el papa pisa con sus zapatitos rojos.

No es sólo que Madrid entonces alterase sus espacios urbanos cotidianos para albergar en ellos los que serían escenarios de la propia visita papal y los encuentros con tantas y tantas personalidades y personajes y personas en general. Todo eso lo hizo, con más o menos acierto (eso ya no importa, pues nada de aquello queda, ni siquiera el papa siendo papa 'reinante' allá desde lo alto del apartamento apostólico). Todo eso lo hizo y fue visible y hasta sufrido por los habitantes comunes de Madrid durante el periodo de transformación y luego durante la visita. No, no fue sólo eso.

No es que la plaza de Cibeles se transformase por un instante en la
de San Pedro con el simple gesto, acertado o no (ya da lo mismo, lo
que importaba era el gesto y nadie mejor que Vicens para construir
arquitecturas efímeras con gran carga simbólica), de colocar delante del Palacio de las Comunicaciones, convertido hoy en Ayunta-
miento (¿casualidad?), el escenario de la misa del Papa. ¡Menudo
fondo escenográfico!, debieron pensar quienes tomaron la decisión
de poner el altar papal delante de la fachada del que tal vez sea el
edificio más relamido del singular Antonio Palacios. Si se piensa
bien, hasta su gracia tuvo que fuese delante de 'Santa María de las
Comunicaciones' (que es como cariñosamente y con cierta guasa se
llegó a conocer el Palacio de las Comunicaciones), diera algunas de
sus misas el papa dimitido, arropado bajo un enorme paraguas para
no mojarse y con el palio de pura lana de cordero lechal ondeando al
viento con sus crucecitas negras bordadas... y con gafas de sol para
poder leer sin deslumbrarse por los últimos rayos de sol al ocultarse allá por el inicio de la Calle de Alcalá más o menos.

Ni tampoco es que la puerta de Alcalá (mírala) se comportase nue-
vamente y de manera efímera como lo que realmente es; es decir,
no como un 'monumento' colocado en lo alto de una rotonda de
tráfico, sino como puerta de acceso a una ciudad. ¡Ay, esta inmensa
ciudad que se extiende hasta el infinito en ausencia ya de límites
físicos precisos que no sean una línea administrativa invisible y que
no necesita ya de murallas ni de puertas ni de nada que la contenga
porque hace tiempo que no hay nada más que el límite administrati-
vo que la contiene! Aunque tal vez no fuésemos de veras conscientes de la recuperación efímera del sentido urbano de este elemento
cuando se pudo ver por la televisión cómo el papa la cruzaba de
fuera a dentro, desde el Retiro a Cibeles, vamos. Así que no fuimos
realmente conscientes de la recuperación efímera del significado
conmemorativo de este elemento convertido en anodino; y sólo al
ser atravesado por un *pontifex maximus* al modo en que atravesaban
los antiguos emperadores romanos los sucesivos arcos de triunfo de la Via Sacra al llegar a Roma del mar en su recorrido triunfal
desde la Via Appia hasta la cima del Campidoglio.

No fue sólo todo esto, fue algo más.

Y lo que fue, fue que la visita del romano pontífice influyó incluso en algo que ni siquiera se hubiese pensado que pudiese haber influido. El largo brazo papal. Pero claro, era el papa quien venía, y ya se ha dicho que sólo él tiene la capacidad de convertir temporalmente en Roma aquellos sitios por donde pasa y pisa. A pesar incluso de la distancia física de la Roma de piedra amada por haber vivido una temporada entre sus ruinas, en esa decadencia dorada por el sol del atardecer. El papa tiene esa capacidad, es consciente de ella y además la pone en práctica; que no es poco ni tampoco cuestión menor. No en vano pocos tienen el privilegio, y lo ejercen, de andar a pie (o de ser llevados en plataforma móvil remedo moderno de la silla gestatoria de otros tiempos) por el eje longitudinal mismo de la basílica de San Pedro vaticano hasta llegar debajo del baldaquino de Bernini para sentarse justo en el punto en que se proyecta en planta el óculo de la cúpula de Miguel Ángel sobre la tumba del apóstol o sobre la tumba aquella al fin y al cabo. Como tampoco pocos tienen el privilegio de subir una mañana a El Escorial y encontrar asiento preparado justamente en el graderío del presbiterio, allí donde confluye el punto focal de la perspectiva simbólica del complejo edificio; delante mismo del rayo de luz finísima que, atravesando el tabernáculo de Jacoppo de Trezzo, va a chocar cada mañana contra el altar... ventajas que tiene ser papa, saberlo y saber ejercerlo; que no todo el mundo es signo andante como él (bueno, lo era hasta que se quitó el armiño y se bajó del solio apostólico).

Más allá de la activación consciente de los mecanismos simbólicos de los espacios urbanos (que para algo están no sólo en ésta, sino también en otras muchas ciudades aunque suenen ya a ritos arcaicos), presentada tal vez con calculada ingenuidad, la visita papal también se dejó notar en algo menos espectacular pero no sin importancia. La visita del papa se alargó hasta la colección permanente del Museo del Prado. Y fue notable no sólo para los asiduos a la casa, sino también para cualquier visitante ocasional porque era intención deliberada que se notase. La colección permanente del Prado, en constante proceso de reordenación desde hace años, como si no diese definitivamente con el sitio oportuno para cada cosa de tanta y tan buena como guarda, se reordenó sutilmente para poder albergar en las salas del museo una pieza enviada desde

Roma a Madrid por Benedicto XVI antes de llegar él en carne mortal con sus zapatitos rojos. Y esta pieza fue tal vez enviada desde allá lejos, desde lo alto del Belvedere, para colaborar más aún a que Madrid fuese más Roma durante un tiempo concreto que excedía de la estricta estancia papal en la ciudad.

Coincidiendo con la reordenación de la galería central de la planta alta de museo, a la que salieron los cuadros de gran formato de la pintura italiana para luego ser retirados de nuevo (y bien que les sentó en su salida efímera a Tiziano, Carracci, Reni, Gentileschi, Ribera *et al.* la mayor luz y amplitud para respirar mejor y tener más espacio), llegó a una de las salas adyacentes a la rotonda un cuadro de altar que mandó la Pinacoteca Vaticana para que ayudase temporalmente a la reordenación del Prado y a la transformación efímera de Madrid en Roma. De modo que esta llegada hizo que el museo ofreciese un itinerario alternativo a los visitantes por la colección. Y este itinerario era el que ofrecía una lectura alternativa de la colección permanente haciendo al visitante detenerse en episodios varios de la colección de arte sacro; es decir, haciendo hincapié en desvelarle el significado de una selección de obras de arte de tema religioso. De modo que durante un breve período de tiempo se rescató el hilo argumental de parte de la pintura del Museo del Prado: la de temática religiosa.

Al fin y al cabo, la pintura que se guarda en el Prado corresponde a una larga etapa en que una nada desdeñable tarea que tenía encomendada era la de contar historias; es decir, corresponde a una etapa en que la pintura era eminentemente narrativa o representativa, si se quiere. Así que, aparte del virtuosismo en la representación de la realidad, tal y como ésta era interpretada por el artista en su actuación mimética, narraba historias más o menos complejas de descifrar (tan complejas en algunos casos, que sólo iniciados eran capaces de descifrarlas). Mucha de la pintura que atesora el Prado servía como instrumento de transmisión de mensajes a aquellos que estuviesen en condición de poder recibirlos. Y esto es algo que se puso de manifiesto con la efímera visita papal al sugerir la dirección el recorrido por elementos puntuales de la pintura de temática religiosa; lo cual no es para tener en menos.

Hace ya mucho tiempo que es sabido que el arte no tiene que narrar
absolutamente nada exterior a él mismo; ni mucho menos representar nada que no sea la propia obra de arte en un virtuoso ejercicio de
mímesis de la naturaleza (y no de la naturaleza de las cosas, precisamente). Se sabe ya desde hace años que las manifestaciones artís-
ticas no tienen por tarea incluir en ellas significado narrativo alguno
exterior a la propia obra de arte; y más concretamente con un sentido
moralizante. La obra de arte significa, no pude dejar de hacerlo, porque el arte se mueve necesariamente en el plano de la representación y, por tanto, en el de la significación. Sin embargo, el significado de la obra de arte desde lo que Arthur Danto llamó 'la muerte del
arte'[1] está en la propia obra de arte; forma parte intrínseca de sí.

Es más, se sabe que el artista no tiene que ser un hábil hacedor de imágenes que representen a realidad para ser artista, sino otra cosa bien
distinta. Y por eso tal vez la generalidad entienda poco un arte para
el que hay que necesariamente ser un entendido en la materia, casi
filósofo del arte cabría decir. De ahí que aquel aburrimiento del respetable general por el arte viene de quien, como ya decía Ortega y Gasset
espera un arte que ha dejado de ser humanizado para convertirse, en
el mejor de los casos sólo, en filosofía del arte. Es decir, aquel aburrimiento por el arte contemporáneo, el de 'después de la muerte del arte',
viene de quien no se han enterado aún (porque es difícil hacerlo, dicho
sea de paso) de que el arte ha superado la cuestión de la significación
exterior a sí mismo para adentrarse por otros derroteros bien distintos.

Sin embargo, esto que hace tiempo que se sabe sobre el arte y su
renuncia consciente a la significación exterior a la propia obra de
arte no nos puede hacer olvidar que hasta que las vanguardias his-
tóricas se propusieron romper con la larga historia del significado
y con la mímesis en la obra de arte, la cosa era como era. Y entre el
inicio de las vanguardias y que Danto certificase la muerte del arte,
tal vez el público se perdió un poco. Así que, aunque hoy no haya
que buscarle un significado exterior a la obra de arte (lo cual no
quiere en modo alguno decir que no haya tras de ella una idea o significado, sólo que en su propio interior, en ella misma), éste sigue

[1] Danto, A., 1997

existiendo en aquellas obras creadas para narrar historias; especialmente si es este tipo de arte del que tiene el Prado.

Así que aquel poner de manifiesto, aunque sea cuestión que se preste a interpretaciones muy peregrinas, el significado exterior dado a la obra de arte es un ejercicio interesante. A la postre, que el significado que se pretende ver en la obra coincida con el que se supone le dio en su momento el autor puede llegar a ser auto de fe; más aún si no hay datos precisos de la intención del autor y la interpretación del significado se hace por los indicios aparentes de la obra, más que discutibles en la mayor parte de los casos. Sin embargo, las lecturas son a veces interesantes, y si no véase la que hace Foucault de "Las Meninas" en su tan conocido como poco leído, por denso, libro *Las palabras y las cosas*. De manera que no es nada desdeñable este largo brazo de la visita papal sobre la colección del Prado, pues vino a llamar la atención sobre el significado de la obra de arte cuando éste estaba exclusivamente fuera de la propia obra.

Así que para completar esta lectura, relectura, de la pintura de tema religioso en el Prado el Vaticano mandó a Madrid nada menos un Caravaggio. Se ve que estaban generosos entonces o que el papa quería que su visita surtiese más efecto al soltar una joya, aun por breve tiempo. Una pequeña joya de la Pinacoteca Vaticana ésta, que tal vez allí en su sitio romano pase inadvertida entre tanta cosa buena como han ido coleccionando los papas, todas amontonadas sin permitir respirar. Aquí en España, donde también se puede decir que las Instituciones del Estado se han dedicado igualmente a hacer acopio de otras cosas buenas (no ciertamente mostradas con ese generoso desdén del amontonamiento de las colecciones vaticanas), no pasó inadvertida esta joyita vaticana. Es más, tuvo la capacidad, como queda dicho, de dar un evidente giro al recorrido de cualquiera por la exposición permanente.

Con su llegada al Prado temporalmente fueron dos los Caravaggio expuestos en el museo: el que mandaba el papa y el que ya tiene la casa, ambos de temática religiosa. Y con motivo de tal coincidencia, "David vencedor de Goliat", salió al encuentro del romano: "El descendimiento de Cristo".

9.1 *El descendimiento*, Caravaggio,
1602-1604, cuadro de altar para la capilla
Vittice, Santa Maria in Vallicella

"El descendimiento de Cristo", como fue titulado por los del museo sin que tal nombre hiciese referencia alguna a la inquietante escena representada en él (ya se sabe lo de los títulos... sus razones tendrían los del Prado para ponerle éste), bien mereció la sutil reordenación de la colección permanente del Museo del Prado. Y como no podía ser de otro modo, su recibimiento fue especialmente glorioso. No ya por la anécdota de las palabras oficiales de quien se encargó en aquel momento de recibirlo: aquella ministra de entonces que sintió la imperiosa necesidad de recordarnos (ella sabrá por qué), como si no lo supiésemos ya de antes, la condición de «criminal perseguido por la ley, homosexual, disoluto, camorrista...»[2] de Caravaggio... ¡Menuda exclusiva la de la ministra! Como si no supiésemos también de antes que ninguna de esas condiciones: ni la de criminal perseguido por la ley, ni la de homosexual, ni la de disoluto, ni la de camorrista, ni otras cualesquiera que se nos ocurran ahora o se le hubiesen a ella ocurrido entonces, define la sensibilidad o la capacidad artística y creadora de nadie ni la hace mejor o peor, como prueban ejemplos tan actuales o lejanos a que se quiera recurrir... Sino porque vino a colocarse en una sala pintada de color rojo, no tan intenso tal vez como el de Moneo en la sala de las musas de la reina Cristina de Suecia (también romanas ellas, de la villa Adriana), dando la cara al costado del "Carlos V y el furor", de los Leoni (al que de vez en cuando le suelen quitar la coraza dejando al desnudo la anatomía que esconde, aunque aquella vez lo dejaron bien vestidito).

El cuadro en cuestión, que es excusa para estas reflexiones, es un cuadro de altar; de altar principal de una capilla. Este hecho no hay que dejarlo pasar, pues como cuadro de altar que es está específicamente pensado para ser visto en una determinada posición y no en otra; y eso es muy importante a la hora de mirarlo. Porque en los museos se suele perder el contexto de la obra de arte y con él parte de su posible significado; sobre todo cuando éste, aunque sea externo a la propia obra, puede que tenga que ver con algo que se representa en ella de acuerdo a cómo se coloca y dónde.

El Caravaggio que mandó el papa a Madrid es un cuadro para ser visto de frente y a una altura y distancia determinadas por los ele-

[2] "...Y con González-Sinde topó la iglesia.", en *ABC*, 22 de julio de 2011

mentos arquitectónicos que definen el espacio de la capilla dentro
de la iglesia donde se encontraba. Lleva expuesto en las salas de los
Museos Vaticanos desde que se recuperó del exilio napoleónico, des-
contextualizado. Por eso tal vez se olvida esta cuestión que no es
en modo alguno baladí porque de ella depende en parte la decisión
compositiva de la representación. Y fue precisamente en el Prado
cuando algo de esta posición original se recuperó, tal vez ininten-
cionadamente, pero con un resultado más que interesante.

En este cuadro, pese a que pueda parecer que no, influye mucho
el espacio arquitectónico para el que fue originariamente pensado
y su posición en él. Lo mismo que influyen para los otros famosí-
simos, también de Caravaggio, de "la crucifixión de San Pedro" y
"la conversión de San Pablo", de la capilla Cerasi en Santa Maria
del Popolo, estar colocados de modo que su visión es siempre en
escorzo y no frontal. Concretamente se trata, en este caso, de un
cuadro pintado por Caravaggio entre 1602 y 1604 para ser colocado
sobre el altar de la capilla Vittrice. Así que es el cuadro de altar
de una capilla de la iglesia romana de Santa Maria in Vallicella; la
Chiesa Nuova que hoy queda abierta, también descontextualizada
tras los destrozos urbanos de la época de Mussolini, a una plazuela
del corso Vittorio Enmanuele junto al palacio de la antigua Cancillería Apostólica. Y aunque lo titularon, sin saber muy bien por qué
como "El descendimiento de Cristo", lo cierto es que la escena no
es un descendimiento ni se le parece.

Descendimiento o no, que tal vez eso sea lo de menos, parece más
bien una deposición del cuerpo muerto de Cristo en la oscuridad
del sepulcro abierto, dispuesto a recibirlo y tragárselo quien sabe
si para siempre. Los personajes, amontonados en un paisaje tene-
broso en cual sólo se ve una enorme piedra plana (¿la del sepulcro
o la de la unción?) apoyada en otras más pequeñas sobre un oscuro abismo (*oscuro como la tumba en la que yace mi amigo*, que dice
Lowry), parece que se disponen a depositar el cuerpo exánime de
Cristo en la tumba. Desde luego, no están en el momento de bajarlo
de la cruz, sino en aquel otro impreciso en que van a depositarlo en
algún sitio, el que sea: ya sea sobre la enorme piedra para ungirlo
antes de darle sepultura (¿pero no era día de la preparación de la
Pascua y por eso las mujeres no lo ungieron, sino que sólo lo lavaron

a toda prisa con la mixtura de mirra y aloe que llevó Nicodemo, como parece ya estarlo a juzgar por el aspecto que presenta el cuerpo, teniendo luego que regresar la madrugada del domingo para completar con tal menester el rito mortuorio judío, pensando en tanto quién les movería la enorme piedra del sepulcro, cuando ya no lo encontraron?... ¡Qué jaleo!); ya sea en la oscuridad del sepulcro abierto (como se inclina más bien éste que lo es a pensar, por los indicios del cuadro y por la posición que éste ocupaba sobre el altar de la capilla). Lo vayan a depositar donde lo vayan a depositar, se trata, dicho sea de paso, de un cuerpo muerto sin más signo de heridas ni sufrimiento que la sutil huella del clavo en la mano que se ve (la derecha), la más sutil aún en un pie (el derecho) y la de la lanzada del costado (también el derecho); de eso no quedan dudas.

La verdad del cuento es que no se sabe muy bien qué están haciendo exactamente los personajes: si sepultar a Cristo o depositarlo sobre la enorme losa del sepulcro para lavarlo (que ya parece estar limpio, como queda dicho) antes de meterlo en la tumba. Ciertamente para lo que interesa ahora aquí, en esta reflexión, poco importa esta interpretación de la acción representada porque la atención se va efectivamente hacia un hecho sobre el que pocos de los que cuentan la historia narrada en este cuadro se paran. La acción, sea lo que quiera que sea exactamente (que da un poco igual ahora; no es cuestión de detenerse más en ello), sucede entera ella sobre una enorme piedra, esa piedra, sobre la cual todos los personajes se hallan dispuestos en un cierto desorden de amontonamiento. Se trata de una piedra plana bajo la cual se abre el abismo en el que se colocan los espectadores. Que la piedra en cuestión represente a la Iglesia sobre la que se apoya firmemente la poderosa pierna de Nicodemo (?), que mira directamente al espectador interpelándolo, es cosa secundaria (por no decir banal) y además bastante dudosa, dicho sea de paso; toda vez que habría que ver si Caravaggio le daba o le quiso dar esa interpretación a la piedra y a la portentosa pierna de Nicodemo.

Lo que realmente interesa aquí es otra cosa. Al fin y al cabo se trata de llegar a un tema de arquitectura, aunque no lo parezca. Y lo que realmente interesa es algo que parece ser interesante si se pone atención a la importancia que le ha dado Caravaggio en la composición de la escena. La piedra en cuestión, la dichosa piedra, es el

9.2 Dibujo de Le Corbusier para destacar la cuestión del plano de la visión humana elevado un metro sesenta del suelo

recurso que ha empleado el pintor para construir el plano horizontal sobre el cual se desarrolla toda la escena, oscura como en noche cerrada. Se trata de un plano horizontal sobre el que se representa la acción separada ostensiblemente de quienes la observan desde la distancia y desde abajo. La piedra-escenario es un plano horizontal colocado sobre el plano también horizontal del altar, que es lo que se interpone entre los espectadores y la escena propiamente dicha. Es decir, los espectadores están en la tumba (porque están abajo, en el plano del altar de la capilla) y los personajes del cuadro fuera de ella; aunque parecen ir a depositar en ella a Cristo muerto.

Que es un plano horizontal sobre el que se desarrolla la escena está meridianamente claro porque todos los personajes están encima de él y debajo sólo aparece una planta que ha brotado del abismo. Además, para incidir más aún en esta condición de plano horizontal sobre el cual sucede algo (escenario, vamos), Caravaggio se ha tomado bien en serio la molestia de subrayarlo. Y para hacerlo ha optado por el sencillo procedimiento de convertir ese plano tan importante en línea. La cara superior del plano horizontal de la enorme losa está hábilmente colocada en coincidencia con la línea del horizonte del cuadro y eso no es casualidad. Es decir, la cara superior de la enorme losa sobre la que están todos los personajes, coincide con la línea hipotética del plano de la vista del observador (por eso se ve como una línea y no en perspectiva como plano perpendicular al plano del cuadro).

Casualidad o no (*se non è vero è ben trovatto*, que dicen los italianos) el cuadro fue colocado en el Prado, sobre el fondo rojo de la pared de la sala, a una altura tal que se subrayaba este hecho de la elección del horizonte por el pintor. Tal vez fuese una coincidencia no calculada al modo en que están exquisitamente calculados los movimientos del papa, eso ya no importa. Lo importante es que estaba colocado de modo que la altura de la vista de una persona media coincidía con el plano superior de esta enorme losa sobre la cual se desarrolla la escena y bajo la que se abre el enorme abismo. Así que con este sencillo gesto, que evitaba la posición original de la obra sin duda a mayor altura, se subrayaba aún más la cuestión que interesa en esta reflexión, que quiere llegar de los recursos de la pintura a los de la arquitectura.

Esta coincidencia del plano del horizonte del cuadro con la altura de la vista de una persona media incidía más si cabe en el carácter escenográfico de la representación de lo que quiera que estén haciendo con Cristo muerto los personajes: así depositarlo en la tumba para darle sepultura, como en la losa para lavarlo. Y con ello, lo que se cuenta claramente es que era intención de Caravaggio hacer consciente al observador de su posición relativa respecto al drama: una posición que obliga a contemplar lo observado desde abajo y con distancia. La escena está pensada, como indica este plano convertido en línea sobre el que se colocan amontonados todos los personajes, para ser vista frontalmente y con el observador mirando de abajo a arriba; sabiéndose además separado por una frontera infranqueable de lo que contempla.

El espectador, forzado a levantar la cabeza para admirar la impresionante e inquietante escena que está 'sucediendo' ante él, bien puede estar en un teatro asistiendo a la representación de la muerte de Cristo, convertida en drama para que la contemple. Sólo que lo que está 'sucediendo' no es ni más ni menos que la sepultura de Cristo muerto en el sepulcro-altar de una capilla (¿no es claro ya el sentido de la escena, cuando se tiene en cuenta que el cuadro estaba colocado sobre el altar-tumba cuya tapa es la enorme piedra?).

De manera que la representación del drama divino adquiere además de un marcado carácter escenográfico otro simbólico. No sucede en un teatro, sino en una capilla que hace las veces de interior del sepulcro. Así que la vinculación simbólica entre la representación de la acción y el significado de tumba que tiene el altar se une a la de la teatralización del asunto.

Pero el recurso escenográfico al que acudió Caravaggio por medio de la enorme losa-escenario no se agota en la cuestión significativa; es algo más. Colocar a todos los personajes sobre un plano horizontal a la altura de la vista, además de reafirmar el carácter de representación dramática es un recurso para conseguir monumentalidad. Este gesto no es nuevo, sino que está tomado de antiguo. Para subrayar la dignidad de algo sobre todo lo demás, lo que la arquitectura ha hecho siempre ha sido colocarlo en un plano elevado del suelo que sirve para los desplazamientos ordinarios. Una excelente manera de indicar el carácter monumental es, como es bien sabido, colocarlo en un plano distinto al del suelo para que se pueda y se deba mirar de abajo a arriba. Monumentalización por elevación del plano de presentación.

Los recursos empleados desde antiguo para aportar dignidad monumental a un objeto han sido esencialmente dos. Primero darle una escala diferente de la escala de lo cotidiano por lo cual queda inmediatamente resaltado. Y segundo, elevarlo del plano usual en que se desarrolla la vida cotidiana para recordar que esta elevación respecto al plano horizontal corriente es ya un signo de dignidad. Caravaggio hace empleo de los dos recursos. El del plano horizontal sobre el que se desarrolla la escena es evidente. El que los personajes son ligeramente de una escala mayor a la real también lo es, sólo que de una manera algo sutil.

Christian Norberg-Schulz hablaba del espacio existencial del hombre como un espacio definido por un plano horizontal donde se desarrollan las actividades humanas principalmente relacionadas con el desplazamiento. En ese plano horizontal por el que el ser humano se mueve y hace cosas también se colocan los objetos. Pero el espacio existencial se completa con una dirección vertical, que tiene que ver con la cuestión gravitatoria y con la cuestión de mirar. De modo que la abstracción de este espacio existencial tiene como principales características el contar con un plano horizontal donde sucede el movimiento y una dirección vertical marcada por la ley natural de la gravitación y que se relaciona con la cuestión visual.

Todas las transformaciones que el ser humano introduce en este espacio existencial para convertirlo en espacio arquitectónico tienen

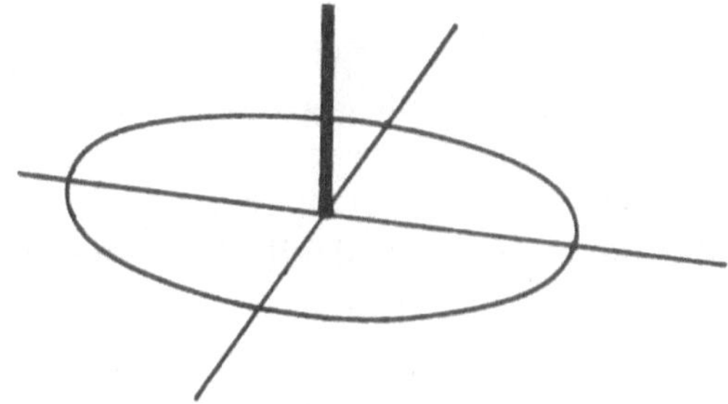

9.4 Esquema de estructura
del espacio existencial según
Christian Norberg-Schulz

que ver con las manipulaciones de este plano horizontal, tiendo en cuenta siempre la acción de la gravedad. De modo que es preciso volver sobre aquello que decía William Morris al definir la arquitectura como todas aquellas transformaciones introducidas por el hombre en la superficie terrestre (*moldings and foldings*) para adecuarla a sus necesidades. Es decir, para convertir esa superficie terrestre (ese espacio existencial del que lo llama Norberg-Schulz) en un lugar donde la vida del hombre tiene lugar es preciso introducir en el teórico plano horizontal una serie de transformaciones relacionadas también con la construcción de otros planos horizontales distintos del plano horizontal primero de los desplazamientos comunes.

Así que, de esta manera, es como se acaba de llegar a la cuestión arquitectónica que interesa ahora resaltar del cuadro de Caravaggio que mandó el papa desde Roma al Prado por un tiempo: la construcción de un plano horizontal sobre el cual se ha de desarrollar una acción para resaltarla. Esta enorme piedra sobre la que se colocan todos, es un plano horizontal elevado del suelo en que normalmente se desarrollan los movimientos cotidianos de la vida ordinaria. Por esta condición de plano elevado del suelo es que resulta eficaz como recurso arquitectónico para enfatizar el carácter monumental de la escena representada sobre él.

Pero ahondando un poco más, la pregunta que surge es por qué Caravaggio incide en colocar el horizonte en coincidencia con la cara superior de la losa y si este gesto tiene algo que ver también con la cuestión arquitectónica. Pues bien, al hacer coincidir el plano de la acción con la línea del horizonte, con el plano horizontal hipotético que pasa por los ojos del observador siendo paralelo al otro hipotético plano horizontal sobre el que se mueve, lo que se nos está haciendo patente el pintor es algo absolutamente sencillo que se aprecia en los esquemas de Le Corbusier con su Modulor: que el hombre mide y experimenta el mundo siempre con relación a su propio cuerpo. Y que hay una posición muy importante para la percepción del mundo que es la de la altura del plano de la vista.

Los esquemitas de Le Corbusier con personajes en distintas posiciones hablan de los diferentes planos horizontales paralelos al originario del suelo en los cuales suceden cosas, cada una a una altura distinta: sentarse, apoyarse, trabajar, mirar, etc. Y entre esos planos horizontales, el de la vista es bien importante, pues indica que el hombre mira el mundo y lo percibe desde una altura determinada que se corresponde con la altura a la que están colocados sus ojos. De modo que los objetos los ve siempre desde un plano distinto al del suelo en que suele moverse. Por esto mismo, elevar del plano del suelo el plano sobre el que sucede algo es un recurso tan eficaz de resaltar la dignidad de ese algo. Es un recurso de dotar a ese algo de cierta monumentalidad al quedar elevado del suelo. ¿Por qué, si no, existe la tradición clásica de acceder subiendo siempre a los edificios representativos? La ascensión hacia el plano superior, distinto del plano ordinario de los movimientos, supone en una concepción clasicista una cierta dignidad de lo colocado en ese plano por segregación. Y esto es un simple recurso arquitectónico empleado en innumerables ejemplos por todos conocidos a lo largo de toda la historia. Pero hacer coincidir el plano de la vista con el de la elevación del objeto es una vuelta de tuerca a este recurso.

Bien que entendieron esto los griegos, cuyos templos estaban siempre elevados del suelo por unas gradas. De modo que las gradas sobre las que se alzaban no eran más que un recurso para separar del plano ordinario del suelo una porción de superficie en la que sucedía algo importante. El área sacra queda, pues, separada del

9.5 El Partenón, acrópolis de
Atenas

plano usual de los movimientos humanos mediante el sencillo
recurso de construir un plano horizontal elevado al que acceder
supone el esfuerzo y la consciencia de tener que subir. No que ese
plano horizontal fuese estrictamente inaccesible para el simple
mortal, sino que la dificultad añadida a su acceso suponía para ese
plano una dignidad que no tiene el resto del suelo.

Así que desde antiguo, esto de construir un plano horizontal elevado del plano cotidiano de los movimientos usuales implica realzar la
dignidad de los objetos colocados sobre dicho plano; significar su
condición especial separada de lo ordinario. Por eso es tan impac-
tante la escena que Caravaggio, que hay que mirar desde abajo.

Le Corbusier en su viaje a Atenas quedó impactado por este recurso arquitectónico no sólo por la cuestión de los templos, sino por
la misma ordenación de la Acrópolis. El área sacra es un conjunto
de elementos dispuestos sobre un plano horizontal construido
para separarla del resto de la ciudad. Las cosas importantes suceden en un plano diferente, elevado sobre el plano del suelo de las

operaciones ciudadanas comunes. Las cuestiones ligadas con lo
sagrado suceden sobre un plano al que es preciso ascender si se
quiere estar en él. De modo que el impacto que recibe el observador
que está fuera de ese plano cuando lo mira desde fuera es efectivo.
Él está fuera, abajo, y todo lo demás está arriba, sobre ese enorme
plano horizontal, monumentalizado. El carácter de objetos colocados en un enorme plano, cada uno sin conexión con los demás, que
tienen los edificios de la acrópolis es evidente.

Y esto de hacer diferencia entre el plano del suelo y el plano donde
sucede otra acción distinta lo comprendió perfectamente Le Corbusier con el ejemplo de la Acrópolis y también con el de la Villa Lante
en el Giannicolo. Por eso uno de sus puntos para una arquitectura
moderna consiste, no casualmente, con la elevación sobre *pilotis* del
objeto arquitectónico. No ya para dar monumentalidad al edificio,
que fue algo de lo cual la arquitectura de la Modernidad no se ocupó
hasta bien tarde, cuando ya estaba abiertamente en crisis, sino para
liberar el plano horizontal del medio en que se actuaba colocando
un objeto arquitectónico. Y ahí están sus Unidades de Habitación o
su ville Savoye elevadas del suelo, fabricando planos horizontales
elevados para separar la acción del plano ordinario del movimiento.

Mies van der Rohe recurrió también a esta cuestión de la construcción de un plano horizontal elevado del plano ordinario de los desplazamientos comunes a lo largo de su obra, dejando no pocos y
notables ejemplos. El caso de Mies y la construcción de sus planos
horizontales elevados en sus edificios tal vez era tanto para monu-
mentalizar, como para enfatizar; pues fue un recurso que empleó en
arquitectura conmemorativa y en la doméstica. El pabellón alemán en
la exposición de Barcelona de 1929 (1928-1929) y la casa Tugendhat
en Brno (1928-1930) ejemplifican con claridad esta cuestión del plano
horizontal elevado del suelo. En ellos el podio estereotómico, al que
se accede lateralmente, sirve para presentar el motivo principal de
ambos edificios: el espacio fluido. En ambos casos este motivo principal se aloja en una sencilla y a la vez compleja caja de cristal (*the
glass room* llama Mawer a la sala principal de la casa Tugendhat).[3] Y
esta caja de vidrio está curiosamente definida tan sólo por planos:

[3] Mawer, S., 2009

9.6 Ville Savoye, Poissy
(1929-1931), Le Corbusier

9.7 Villa Lante,
por Le Corbusier

9.8 Casa Tughendat, Brno
1929. Mies van der Rohe

uno horizontal elevado para el suelo; otro para el techo; y otros planos verticales de vidrio y materiales nobles en composiciones bastante complejas para la definición de la caja arquitectónica.

También es un recurso que empleó en su etapa americana; sólo que cambiando el podio estereotómico por la construcción de la plataforma tectónica. Así que pasó Mies de lo masivo a la levedad, pero siguió teniendo como recurso compositivo aquel de la construcción de un plano horizontal distinto del plano del suelo para colocar sobre él sus edificios (en este caso el acceso a ellos). Las plataformas miesianas como planos horizontales flotantes, recortados, tienen acceso frontal. De modo que si al podio estereotómico se accedía lateralmente, a la plataforma tectónica se sube de frente. La casa Farnsworth (1945-1951) en River Road o el Crown Hall del IIT (1950-1956) son ejemplo de este recurso de construir un plano horizontal para la acción principal, separándolo del plano de los movimientos ordinarios. No por casualidad el plano horizontal de la casa Farnsworth se eleva un metro sesenta sobre el suelo, que es justo la distancia a la que Le Corbusier, en una de sus dos series de Modulor, establecía el plano de la vista de un hombre tipo que medía 1,75 m de alto.

Al final de su vida regresó Mies van der Rohe al podio estereotómico en la Neuer National Gallerie de Berlín (1962-1968). Y en este caso sí que era intención del podio masivo aportar monumentalidad a la operación arquitectónica de construir un plano horizontal elevado del suelo para representar en él la acción importante. No sólo para separarla del suelo de los movimientos ordinarios, sino para resaltar ya la condición monumental del objeto arquitectónico colocado sobre él: justamente aquel destinado a no acoger nada. No en vano Mies tenía, se quiera o no, una formación clásica y estuvo gran parte de su vida investigando sobre recursos clásicos.

Y ya algo más en el presente, es posible mirar hacia la arquitectura de Campo Baeza, que también recurre a la construcción de planos horizontales elevados del suelo. Siguiendo la teoría de Semper, él habla del podio estereotómico y de la cabaña tectónica. Y así, también sabe lo que es construir un plano horizontal separado del suelo para colocar encima algo. Y ese algo puede ser un sencillo baldaquino que da sombra a una caja de cristal limpísima desde la que

9.9 Casa Farnsworth,
River Road, Illinois (1945-
1951), Mies van der Rohe

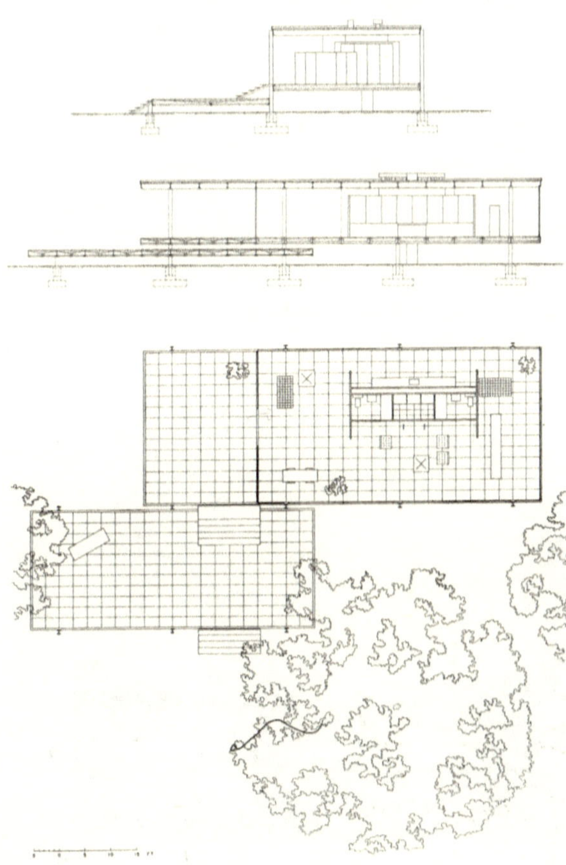

9.10 Casa Farnsworth,
River Road, Illinois (1945-
1951), Mies van der Rohe

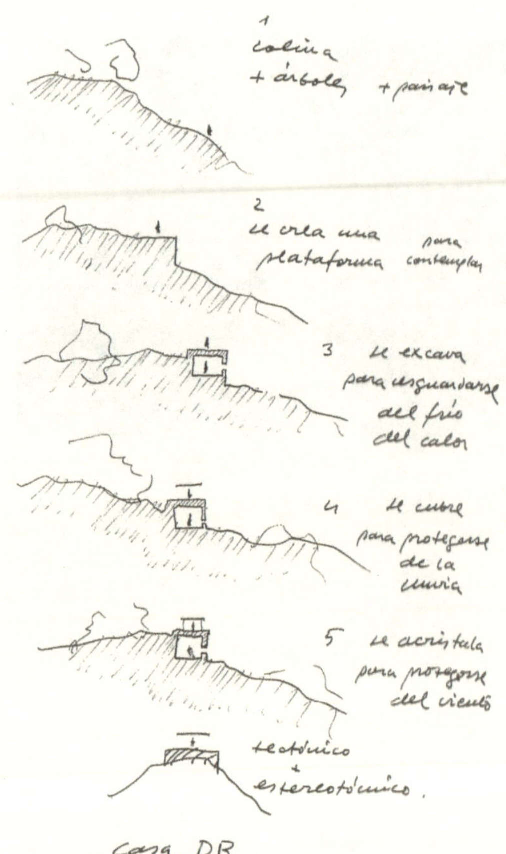

9.11 Esquemas de Alberto Campo Baeza para la casa de Blas, Sevilla la Nueva, Madrid, 2000

9.12 Casa de Blas, Sevilla la Nueva, Madrid, 2000

9.13 Maqueta de la operación de Caja Granada y Museo
de la Memoria de Andalucía. Granada, 2001-2009

mirar el paisaje, como sucede en la Casa de Blas (Sevilla la Nueva,
Madrid, 2000), en la Olnick Spanu (Garrison, Nueva York, 2008) y en
la casa Rufo (Toledo, 2009). O también puede ser un elemento masivo horadado dentro, como el enorme cubo de Caja Granada (Granada, 2001). Incluso puede ser un simple podio sin nada encima, sino
con un vacío dentro, como el del Museo de la Memoria de Andalucía
(Granada, 2009).

Así que el recurso empleado por Caravaggio: el plano horizontal convertido en línea, para colocar sobre él la escena, no parece que sea cuestión menor. Y no lo es por lo que se ha querido decir aquí. Primero porque sirve como plano de escena: como escenario para el drama divino. Segundo porque eleva del suelo a los personajes y les aporta monumentalidad. Y tercero porque al coincidir el plano superior de la losa con la línea de horizonte relaciona directamente al observador con lo observado, por más que se encuentren efectivamente en planos diferentes. Recursos todos ellos tan arquitectónicos como que han sido empleados desde antiguo en la arquitectura.

BIBLIOGRAFÍA

CARTER, Peter (2006): *Mies van der Rohe trabajando*, Londres: Phaidon

DANTO, Arthur (1997): *After the end of art*, Nueva York: Princeton University Press; versión española: *Después de la muerte del arte*, traducción de Elena Neerman, Barcelona: Paidós Ibérica, 1999

FURIÓ GALÍ, Vicenç (2002): *Ideas y formas en la representación pictórica*, Barcelona: Universidad de Barcelona

GOMBRICH, Ernst H. (1950): *The Story of Art*, Londres: Phaidon; versión española: *La historia del arte*, traducción por Rafael Santos Torroella, Nueva York: Phaidon, 2010

LANGDON, Helen (1999): *Caravaggio: a life*, Nueva York: Farrar Straus & Giroux, versión española: *Caravaggio*, traducción de Roser Vilagrassa, Barcelona: Edhasa, 2002

LE CORBUSIER (1949): *Le Modulor: essai sur une mesure harmonique à l'echelle humaine applicable universellement à l'architecture et à la mécanique*, París: L'Architecture d'Aujourd'hui; versión española: *El*

Modulor: ensayo sobre una medida armónica a escala humana aplicable universalmente a la arquitectura y a la mecánica, traducción de Marta Llorente, Arganda del Rey (Madrid): Apóstrofe, 2005

MAWER, Simon (2009): *The glass room*, Nueva York: Other Press; versión española: *La casa de cristal,* traducción de Catalina Martínez Muñoz, Barcelona: Tusquets, 2011

NORBERG-SCHULZ, Christian (2000): *Principles of Modern Architecture*, Londres: Andreas Papadakis Publishers; versión española: *Los principios de la arquitectura moderna. Sobre la nueva tradición del siglo XX*, traducción de Jorge Sainz, Barcelona: Reverté, 2005

NORBERG-SCHULZ, Christian (1975): *Existence, space and architecture*, Londres: Studio Vista; versión española: *Existencia, espacio y arquitectura*, traducción de Adrian Margarit. Barcelona: Blume, 1975

10.

TRANSLÚCIDO

Este texto, en su versión original, fue preparado para acompañar la instalación efímera proyectada para el claustro de la Real Academia de España en Roma, en la exposición *Transit* de fin de estancia de becarios de la promoción 2009/2010; instalación planteada como ejercicio de arquitectura efímera. Ahora se publica en una versión revisada.

10.1 Instalación "Translúcido"

Transformar la experiencia del espacio cotidiano a través de un gesto mínimo es cuestión de proponérselo. Con tan sólo colgar unas telas de gasa a lo largo del recorrido habitual es suficiente. Hacen falta una escalera, ciento sesenta metros de tela, unos cuantos alfileres, una aguja e hilo de coser. Luego ya la luz y el viento harán solos su trabajo.

Hacer arquitectura es indagar sobre las cualidades del espacio donde el hombre vive; transformarlo.

Hacer arquitectura es construir las ideas para que en él viva el hombre y sea feliz como repite con insistencia el profesor y arquitecto Alberto Campo Baeza.

10.2 Instalación "Translúcido" en montaje

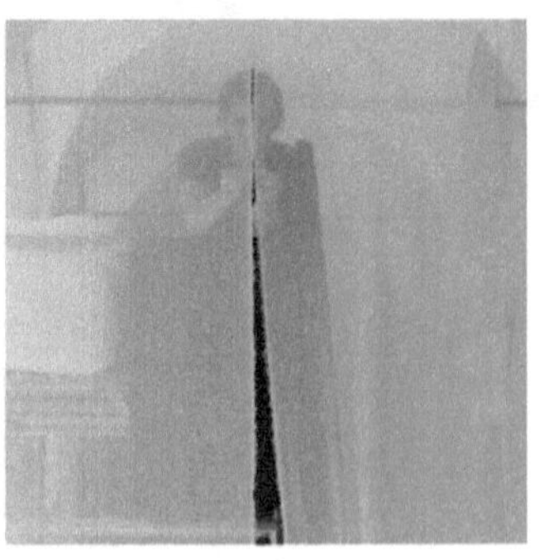

10.3 Instalación "Translúcido" en montaje

Hacer arquitectura, como contaba William Morris es introducir
modificaciones en nuestro entorno para adecuarlo a nuestras necesidades, a nuestras inquietudes, a nuestros deseos de experimentar
con el espacio que habitamos... convertirlo en espacio expresivo...
espacio arquitectónico.

'Translúcido' es un gesto arquitectónico que indaga en las posibili-
dades de un espacio conocido: el segundo claustro de la Academia.
No el del Templete, dejémoslo estar ahí con su Bramante; sino el
otro. Un espacio para ser transitado. A la postre, todo es cuestión
de transitar, de tránsito hacia un no sé donde, pero de tránsito. Y en
ese transitar algo queda; al menos, la experiencia de pasar. Así que
ésta quiere ser una variación sobre el transitar cotidiano por este
espacio claustral, generalmente desnudo.

Éste es un ejercicio de repetición. Repetir planos de un blanco tras-
lúcido para ser atravesados. Planos de un tejido ligero, ondeando
al viento de este claustro que vivimos a diario, en la dirección del
camino marcado por nuestros pasos. Este tejido de cierta translucidez al ser colocado en secuencia ofrece un cierto grado de opacidad. La opacidad se va perdiendo al caminar por entre las velas
colgadas de los tirantes del claustro, en la dirección perpendicular

10.4 Instalación "Translúcido"

al transitar. Pero al doblar la esquina y quebrar el recorrido, otra vez regresa esa confusión de no ver bien el fondo de la escena.

Caminar y caminar. Caminar entre los velos, que al fondo, pueden darse encuentros inesperados... velados en el recorrido por el blanco de variable intensidad de las telas al viento.

Caminar y caminar. Lo mismo en un quiebro, sin sospecharlo, te das de bruces con quien no esperabas darte... y es ese encuentro más teatral por estas telas ondeando al viento, que han llenado de luz reflejada este espacio cotidiano... Ya que es posible, se prepara la escenografía; que se dé o no el encuentro, la experiencia del encuentro, es cuestión de suerte o de empeñarse en caminar y caminar entre los velos.

Translúcido un ejercicio de trabajo con la luz. La luz captada en estas telas blancas, blanquísimas. Incidiendo sobre ellas crea un efecto interesante de translucidez y opacidad. La luz, al caminar, convierte lo ligero en sólido y lo sólido en ligero alternativamente... sólo hay que ir dando vueltas alrededor del claustro.

Translúcido es una propuesta efímera que sólo pretende ser una manera alternativa de experimentar un espacio de sobras conocido. Lo demás, es cuestión de caminar.

10.5 Instalación
"Translúcido"

10.6 Instalación
"Translúcido"

11.

QUEDARSE MUERTA

Dentro de Roma hay muchas ciudades. Como en el cuento de Calvino, donde Venecia es contada por Marco Polo al Kublai Kahn en múltiples facetas, en infinitas representaciones que eluden siempre el nombre primitivo pero que siempre hablan de lo mismo. Así que en esta ciudad de las mil caras, de los mil recorridos que a ella siempre llegan, que en ella siempre son posibles, es preciso aprender a perderse. Es preciso hacerlo sin miedo porque, a fin de cuentas, dicen que todos los caminos por los que se transitan acaban llevando a ella.

Curioso camino el de querer encontrarse con la divinidad en Roma. Curioso camino el de buscar acercarse a lo inefable a través de la experiencia de lo tangible. Curioso, pero es posible transitar por él sin riesgo a desorientarse sin remedio.

Una geografía del deseo de amar divinamente es posible en esta ciudad de las mil caras. De *titulus* en *titulus* dando tumbos, exhausto, sin respirar de uno a otro... del Trastevere al Quirinale; del Palatino a la via Appia para regresar otra vez donde comenzó el camino... La busca de ese recorrido del festival sensorial que supone el querer acercarse a dios a toda costa (misticismo que lo llaman) es lo que se muestra ahora a través de estas pequeñas pero intensas 'performances'.

Sobresalto y sobresalto y sobresalto y sobresalto y sobresalto. Que querer llegar a lo más alto, aunque esté ahí al lado todo el rato, tiene un precio por pagar: el de la disolución del límite entre lo uno y lo otro, entre el sujeto y el objeto desconocido y deseado.

¡Qué difícil es acercarse a la divinidad!, largo y escabroso es el camino, que decía Milton... hacia la luz.

¡Qué difícil su experiencia!, sin quedar comprometido sin remedio...

¡Qué comprometida su expresión!, sin abandonar completamente el pudor y acaso tampoco el recato.

Siempre cabe la pregunta... formulada por Umberto Eco en *El nombre de la rosa* en aquella exuberante conversación entre Ubertino, Guillermo y Adso a colación de los placeres de la carne y esa ascensión a lo divino por el más tortuoso y arriesgado de todos los caminos. A fin de cuentas, como decía Guillermo, entre la santidad y la herejía hay tan sólo un paso... tal vez el del exceso de amor. ¿Por qué ese encuentro con la divinidad no se puede más que expresar a través de ese placer que da la carne? Será tal vez porque es lo único que conoce el ser humano de más gozo... placer y dolor... siempre es lo mismo... placer inmenso... dolor intenso... Y tal vez sueñe que eso sea este proceso de disolverse el sujeto en el objeto, el amante en el amado deseado. Aunque no deje por ello de ser sospechosa esa analogía de la carne para el contacto supremo... A la idea por los sentidos... A la disolución del yo carnal, de carne sufriente y gozante, por el festival de los sentidos desatado sin límites ya y sin fronteras.

Bien que lo entendieron esto los artistas en el *seicento*... ese siglo convulso, complejo y contradictorio de la Contrarreforma; ese siglo de la exuberancia desatada en toda Roma, en particular en las iglesias.

Las iglesias romanas se cargaron de erotismo terrenal para llegar a lo divino. Un continuo festival de los sentidos las inundó con el objeto declarado de dejar sin aliento al peregrino. Una, otra, otra, otra, otra... y otra más. Sin tregua a respirar... De fuente en fuente para aliviar el sofoco que le acuse en agua fresca.

La experiencia divina es así, una escalada sin retorno en el inmenso gozo.

¡Pero, ay del gozo! Tiene un precio.

Ya se sabe, acercarse a la divinidad en majestad tiene sus riesgos. Hay que pagarlo. Semele quedó reducida a cenizas en el regazo de Júpiter radiante; pero cenizas gozosas, de esas a las que se refería Quevedo en su soneto...

> «Alma, a quien todo un Dios prisión ha sido,
> Venas, que humor a tanto fuego han dado,
> Médulas, que han gloriosamente ardido,
> Su cuerpo dejará, no su cuidado;
> Serán ceniza, mas tendrá sentido;
> Polvo serán, mas polvo enamorado.»

Así que disolverse en el ser divino es el precio a pagar por el gozo de haber conocido al menos durante un ínfimo instante, efímero, fugaz, la cercanía con la divinidad... y lo contaban de Semele los mitos clásicos... así lo contaron los artistas del seicento... De manera que así nos enseñan lo que es realmente 'quedarse muerta'.

Sobran las palabras; es tiempo de las imágenes.

CAECILIA: ANTES MUERTA QUE SENCILLA

TÍTULO: Santa Cecilia

AUTOR: Stefano Maderno, 1600

LUGAR: Basílica de Santa Cecilia in Trastevere, Roma; sobre lo que se cree que fue la domus de una de las matronas del converso patriciado romano cuyo culto es de los más antiguo en la ciudad, a pesar de que no se sepa de cierto si llegó a existir siquiera en carne mortal. Lo que sí que existió fue su casa: el *titulus caecilia*, convertida hoy en basílica. A pesar de no haber certeza de que existiese ella ni de que viviese en esta casa del Trastevere, más de mil cuatrocientos años después, oye, se ponen a excavar y allí debajo que se la encuentran a ella, fresca como una rosa... como si nada, intacta, como si no hubiesen pasado los años... Claro, se lió parda... fue el pueblo enfervorecido a verla allí dormida... lo cuentan Antonio Bosio y Cesare Baronio, que tuvo que mandar el papa a los suizos para poner orden en aquel tumulto por acercarse a verla como recién muerta en su casa del Trastevere.

DURACIÓN: lo que tarda el verdugo en darte tres hachazos en el cuello sin acertar a matarte... tres hachazos y nada... vaya mala mano que tiene el dichoso verdugo; menuda puntería, el pobre... de lo cual tiene que dejarte por imposible porque la ley le impide dar el

cuarto, que tal vez sea el golpe de gracia. Se siente, tres y no más.
Así que te quedas ahí agonizando, brotando la vida lentamente de tu
cuello a medio cortar por la torpeza del verdugo elegido, que no tuvo
tino o tal vez no afiló bien el instrumento. Pero oye, agonizar se ago-
niza con clase; vaya a ser que luego te encuentren enterrada en tu
casa y le dé a alguien por inmortalizarte. No vas a estar ahí tú como-
quiera; de eso nada... que pasar a la historia no es cosa banal... A la
historia se pasa con clase o no se pasa; ¡hombre ya!

ACCIÓN: caerse agonizante, medio muerta, pero con clase... justo
para quedar como una quiere quedar para la posteridad; que luego
vienen, te desentierran cuando han pasado como cosa de mil años
y quieren hacerte un retrato... y no se puede no estar preparada
para eso. Morirse se muere una con elegancia o no se muere; que
para eso se es virgen patricia romana, a pesar del matrimonio, con
casoplón en el centro del Trastevere y mausoleo familiar en la via
Apia. Oiga, que una tiene su aquel. La clase está en todos los gestos, hasta en los más pequeños; sobre todo en los más pequeños...
¿no decían que decía (que diría) Mies van der Rohe que dios está en
los detalles?; pues eso. Quedarse muerta después de tres intentos
de hachazo en el cuello no lo va a estropear por más que se empeñe
ese torpe de verdugo. Una tiene su estima y hasta en el trance de
muerte ha de mantener alto el listón.

Las rodillas juntitas, las manos bien colocaditas para que indiquen
no sé qué de la Trinidad con los deditos (cuando ni se sabía qué era
eso entonces), ceñida la cintura y el vestidito verde de fina gasa con
cada pliegue en su sitio. Ah... y el pelo... el pelo bien recogidito; que
quede el cuellecito bien limpio para recibir los torpes hachazos del
verdugo inexperto. ¡Ay, este dichoso verdugo! Y a la hora de desplo-
marse y caer, cuidado con no salirse del marco, vaya a ser... y con no
separar las rodillas, siempre juntas ensayando una 'sexta'.

Y de fondo, como banda sonora, que toquen el órgano celestial los
ángeles, que ya cantas tú mientras tanto. No se puede descuidar
nada, que morirse, ya se sabe... sólo se muere una vez... aunque
dure un rato ese ir muriéndose. Es preciso tenerlo todo controlado,
bien controlado. No va a morirse una de cualquier manera; de eso
nada. Hay que dar ejemplo de lo que es 'quedarse muerta'.

¡OH, LLAMA DE AMOR VIVA...!

11.2

TÍTULO: Éxtasis de Santa Teresa de Ávila

AUTOR: Gian Lorenzo Bernini, 1647-1651

LUGAR: Iglesia de Santa Maria della Vittoria, via XX Settembre, Roma. En el coto privado del que tal vez sea el carmelita más antipático de toda Roma y parte del extranjero; el pobre debe de pensar que si no tuviesen este Bernini acudiría el mismo gentío a visitar su iglesia, por lo demás sin interés ninguno, a rezar. Desde ese pensamiento gruñe y riñe desde el púlpito a cada momento, salvo cuando se coloca detrás del mostrador, en modo vendedor de reliquias turísticas, y le compras la postal del Bernini. Claro, cosas mayores son las del dinero como para espantar al personal echándole la bronca ya en la tienda... pero antes de que la compren sí. Reñir al turista devoto de Santa Teresa a través de Bernini sí, eso sí... gruñirle por ir a su iglesia a molestar, viendo el éxtasis más éxtasis de todos los éxtasis romanos, eso sí... ¿Qué culpa tienen los turistas de que en una iglesia intrascendente, en una iglesia anodina como la suya, haya una Santa Teresa en ansia de amores inflamada nada menos que de la mano del genial Bernini? Pues a verla que van, ¿qué van a hacer? Ir en masa a ver el teatro divino... ¿o es que acaso no

hay palcos en la capilla? ¿Qué hacen, si no, los cardenales de la
veneciana familia Cornaro? Pues lo mismo que el respetable, reñido
y gruñido por el carmelita enfurecido: contemplar el éxtasis de la
Santa de Ávila ahí en Roma. ¿Qué van a hacer?

DURACIÓN: lo que dura un suspiro, esa muerte a trocitos... lenta...
deliciosa... un suspiro ahogado con 'mano blanda y toque delicado'.

ACCIÓN: ¡Ay noche oscura del alma! Cuando todo está en el silencio sosegado llega el ángel, tras un rayo de luz, y te clava una flecha
en lo profundo del corazón... Ahí en el centro de la diana. Una vez...
Y otra vez... Y otra vez. Y mientras va avivando en tu interior esa
llama de amor viva que hace que duela querer y que a pesar del dolor
sigas queriendo querer. Al cielo se llega por tortuosos caminos...
nadie ha dicho que sea fácil querer, como no lo es. Pero querer de
esa manera, sin límites, sin miramientos, entregándose completamente a ser querida es lo que te hace levitar. Y a pesar de la pesan-
tez de la materia, el milagro es llegar a desdibujar las fronteras del
ser a través del amor. Así que no se sabe ya quién es él y quién eres
tú, perdida de ti misma y entregada. Por eso la carita risueña del
ángel con el dardo... porque sabe que al clavarlo en el centro de la
diana de tu cuerpo está ayudando a borrar los límites conscientes
de tu ser. Y está aniquilando el sujeto que eres para unirlo, aunque
sea momentáneamente, con el objeto que deseas, inalcanzable.

No pensar en nada más. Sólo en ese acto de disolución de las fronteras. No pensar en otra cosa. Liberar el pensamiento del resto y entregarse sin condiciones. Abandonar incluso la materia, aunque el goce
del contacto con el amor divino justo comience por el goce material.

No pensar en nada más. Abandonarse a la acción. Y que lo demás
no importe. ¿Qué más da que estén los cardenales en sus palcos
del proscenio observando, comentando, contemplando? No pensar en nada más... Ni siquiera en esa llama de amor viva que arde
dentro mientras el dardo atraviesa, candente, todas las capas de
tu carne hasta llegar al fondo mismo: al corazón... y te hace explo-
tar... vibrar... levitar... y caerte muerta... al menos, un instante que te
parece un infinito... Y ser sólo capaz de exhalar... Nada más... Y lo
demás, lo demás no importa.

QUE TIERNAMENTE HIERES...

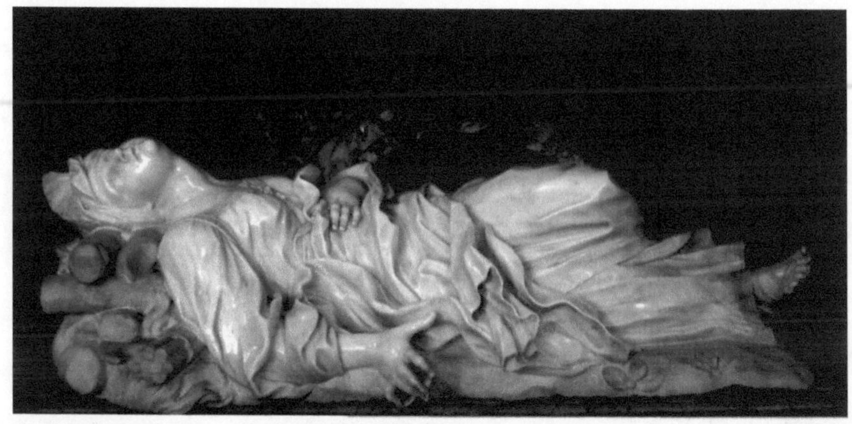

11.3

TÍTULO: Santa Anastasia

AUTOR: Francesco Aprile y Ercole Ferrata, 1667 (?)

LUGAR: Basílica de Santa Anastasia al Palatino, Roma; debajo del altar de una iglesia algo anodina en las faldas del Palatino, junto al Circo Massimo. Allí en silencio, sin casi visitantes; en la fría sala como de salón de casa buenecita venida a menos.

DURACIÓN: Lo que dura la carne trémula en arder completamente y en dejar de sí tan sólo las cenizas. Ese tiempo que podría ser calculado científicamente para saber cuánto dura en la hoguera un cuerpo humano, doliente, sufriente, en ansia de amores inflamado hasta desaparecer literal y completamente en esa llama de amor viva que disuelve la materia viva y la transforma en ceniza de amor, polvo churruscado, pero polvo enamorado... Porque la luz, dice Umberto Eco en *El nombre de la rosa*, consta de una límpida claridad para dar luz y un ígneo ardor para quemar. Y lo que a ti te quema es el ígneo ardor de esa llama terrenal que te va a acercar a la límpida claridad celestial que da la luz.

ACCIÓN: Ir consumiéndose lentamente en la hoguera, sobre un
lecho de maderos ardientes poco a poco pasar de ser materia viva
a carne churruscada y a cenizas. Pero no importa nada cuando se
hace el sacrificio por amor. Nada importa cuando es el amor la razón
de la debacle. ¿Qué importa más en este mundo? Eso sí, esto es
sólo una vez... ya no hay marcha atrás. Se acabó. Se va perdiendo la
figura poco a poco en dantesco espectáculo para la vista. Por eso
tal vez no va casi nadie a verte, Anastasia, al Palatino. Porque tu
final trágico, aunque sea inflamada en amor divino, no es para contemplar sin desazón. Y eso que, pese a todo, no se puede decir que
no estés poco entregada. Justo estás en ese momento previo a la
desfiguración, en el momento en el que eres consciente de que hay
un precio que pagar por acercarte a lo que amas: la vida.

Vivir, morir, amar, sufrir... qué es la vida sino eso. Al final puedes ir
tranquilamente paseando u optar por la vía rápida, aunque duela. Y
ese dolor es poco comparado con el goce de llegar a lo que esperas.

¡Ay, fuego que devoras! ¡Llama viva que consumes la materia!
¡Fuego que consumes e iluminas! ¡Estertor de la que ama hasta
desaparecer, sin importarle nada, sin tener ya más cuidado; abandonado todo oficio y ejercicio! Retorcerse de dolor, en el trance de la
transformación, poco importa. Lo importante está al final... Y el final
es amar, perder los límites con el amado aunque sea por abrasión de
esta carne mortal que te detiene.

Amor, dolor, amor, dolor, amor... siempre es lo mismo. Pero el dolor,
en este caso, sólo dura un poco más. Un poquito más y todo habrá
acabado. Aunque ese poquito esté ahora detenido. Amor, dolor,
amor, dolor... Al amor por el dolor, como precio a pagar. Por amar,
para amar... Y es la llama de amor viva la que arde. Es la llama de
amor viva la que hiere tu carne y la deshace, hasta fundirla en polvo,
en nada, pero polvo inflamado en el amor divino que te espera.

Sólo es un momento, Anastasia. Sólo es un momento de tensión;
no te preocupes. Todo acaba pronto. Se va el dolor junto a la carne.
Y el ígneo ardor de tu dolor será límpida claridad de amor; de amor
ya sin dolor.

11.4

TÍTULO: San Sebastián

AUTOR: Giuseppe Giorgetti, 1672

LUGAR: Basílica de San Sebastián en las catacumbas, Roma. Un lugar apartado, fuera de ruidos, de bullicios, de visitas en masas de turistas. Un lugar poco frecuentado a las afueras. Hasta el que hay que llegar una tarde paseando, olvidando todo lo que atrás se deja en la ciudad inmensa. En el camino de salida, sin pensar en la vuelta. Y pensar que en esta iglesia tan apartada de todo, del mundanal ruido, donde desfalleces en agónico placer, hay también un busto de Bernini. Bien vale la pena acercarse una tarde hasta tan apartado sitio, iglesia del cardenal de Barcelona, además. San Sebastianes hay muchos en cualquier sitio, pero como este agonizante en las afueras, pocos se encuentran, la verdad.

DURACIÓN: Varios días de agonía. Después de ser asaeteado, la muerte no llega al fin de inmediato. ¡Cómo son estas muertes lentas que prolongan en el cuerpo el sufrimiento! A algunos les cuesta más que a otros llegar a donde quieren. Y esto es lo que te pasa a ti, Sebastián... que agonizas suavemente sobre las catacumbas.

ACCIÓN: Tendido en el frío suelo, la roca viva como lecho, con la coraza como única e incómoda almohada, yaces Sebastián al borde de la Via Appia, moribundo. Varias flechas atraviesan tu carne firme curtida en batallas y palestras; se clavan en lo profundo de tu cuerpo de perfecta proporción y bello canon. Te estremeces de dolor en un claro del camino, donde te han dejado asaeteado. Sólo por amor eres capaz de soportarlo porque sólo el amor lo aguanta todo. Amor y dolor van siempre unidos. Amor y dolor; siempre es lo mismo.

¿Cuánto tiempo se prolongará este gozoso sufrimiento tuyo; ese estertor enardecido? ¿Será mayor dolor el que te causen al sacar esas flechas de tu carne? ¿Cómo está tu cuerpo, gozando, tan herido? ¿Hasta cuándo serás capaz de prolongar esta masacre?

A pesar de todo ahí resistes. Tendido tu cuerpo en el camino. Surcada tu perfecta geografía por ese temblor que da el placer justamente del dolor. ¿Quién osa siquiera a acercarse a tocarte? No se pude menos que permanecer paralizado, delante de ese sufrir tuyo tan dichoso. Que tocar una sola de las flechas de tu cuerpo, es romper ese momento de recrearse en tu sufrir; es cortarte tu ascensión hacia el gozo de vivir. Y sin embargo es preciso retirarlas aunque sea otro tipo de dolor el que te cause la madera de las varas al salir y abandonar el seno de tu carne estremecida.

Amor y dolor. Placer y sufrimiento, detenidos... prolongados... Siempre es lo mismo. No hay amor exento de dolor. No existe el placer sin cierto sufrimiento. Esa es la lección que das desde tu apartado rincón de la vía Apia donde te has retirado tal vez para no escandalizar más de la cuenta a los que creen, ingenuos, que en el amor todo es gozar sin sufrir nada. Bien lo sabes tú, aguerrido guerrero asaeteado... y bien que lo sabrás cuando llegue Irene a retirar de tu cuerpo fornido las flechas que lo atraviesan.

Amor y dolor. Placer y sufrimiento. Quien lo probó lo sabe. Siempre hay un gusto amargo al fondo de la miel. Siempre es esperado ese sabor contradictorio de lo otro para apreciar de veras en lo que vale el gozo máximo de encontrar disueltos los límites del yo en el otro.

Amor y dolor. Placer y sufrimiento. Siempre es lo mismo.

EN ANSIA DE AMORES INFLAMADA

11.5

TÍTULO: Beata Ludovia Albertoni

AUTOR: Gian Lorenzo Bernini, 1674

LUGAR: Iglesia de San Francesco a Ripa, Roma; al otro lado de la vía que corta ahora inmisericorde el barrio del Trastevere. En una capilla oscura, como de alcoba en casa rica a la hora de la siesta. Al fondo a la izquierda. La nave llena de luz tiene curiosamente al lado del altar mayor una sombra del lado izquierdo. Silencio. Ahí está ella. Hay que acercarse con cuidado. Se ruega no molestar.

DURACIÓN: Lo que dura un estertor, un último suspiro; lo que tarda en abandonar la vida el cuerpo, dejándolo inerte sobre la cama, aún en el calor de los humores.

ACCIÓN: Sale la vida aprisa con el último aliento y se estremece el cuerpo en el abandono. Y pesa menos la materia que resiste; siete gramos menos, según dicen. Feliz abandonar el cuerpo ese aliento final cuando ese irse viene acompañado de la contemplación del gozo máximo. Por eso está la Albertoni arrebatada en esa estancia suya, convertida en escenario del placer que da la muerte; ese placer provocado cuando se muere en el gozo de haber finalmente encontrado la disolución en lo otro. Arrebatada y consciente de lo irrepetible, de lo irreversible, de lo irrecuperable. Acercarse a la divinidad tiene su precio, hay que estar dispuesto a pagarlo. Y si se paga con gozo y se es consciente del trance de pagarlo, entre ese ir perdiendo poco a poco la conciencia de sí mismo, es una experiencia cuyo precio bien merece ser pagado.

¡Ese lecho al fondo de la estancia! ¡Esa luz que brilla diagonal en la penumbra! ¡Esas sábanas revueltas! ¡Esa colcha que sale de la alcoba hacia el altar! ¡Esa ropa en revoltijos por el cuerpo estremecido! ¡Ese pecho por las manos atrapado como queriendo evitar ese suspiro, el último, que escapa por la entreabierta boca de la beata!

¡Beata! ¡Feliz sí que se la ve, en su cama arrebatada! Feliz y consciente de ser, en la penumbra, el último momento de su vida. Porque se escapa de ella entre las manos... se va a fundirse con el aire... desaparece siendo ella totalmente consciente de cómo va perdiendo en ansia de amores inflamada la conciencia para no volver. No es pequeña muerte la suya, que es verdadera. Es la muerte real la que acecha en la penumbra. Llega a través del rayo de luz divina hasta la cama y en ese estertor lo deja todo revuelto y ya sin orden ni concierto ni ganas de poder ya resistirse a nada.

Llama viva que abrasa el pecho arrebatado. Llama viva que se lleva lo último que de vida queda en ese cuerpo tremolante. Llama viva de amor puro que disuelve el yo en lo otro... y que deja a la materia gozosa en ese tránsito de abandonar el yo para ser parte de lo otro.

El torso, los brazos, las rodillas, la cabeza... Estertor final de abandono sumo. Estertor consciente de llegar al fin donde esperaba, a mezclarse con lo otro... y dejar la carne tremolante... en la alcoba del fondo, en la penumbra, por sólo un fogonazo de luz iluminada.

12.

ARCHIPIÉLAGOS

Roma está llena de ciudades, superpuestas, unas sobre otras. Roma es una acumulación de capas que el tiempo ha ido sedimentando. A veces afloran todas juntas. Otras luchan por esconder a las demás. Otras, es difícil separarlas.

Roma es una ciudad para estar alerta. Es una ciudad para mirar constantemente y descubrir las innumerables ciudades que esconde. Sólo es cuestión de estar atento y de aprender a mirar. Y con la vista entrenada, ser capaz de aprender lo que este palimpsesto tiene que contar aún hoy.

Pero hay una ciudad aún más difícil de captar. Una ciudad que aparece y desaparece compuesta por un archipiélago irregular, arbitrario y efímero sobre el mar inmenso de adoquines de basalto. Es una ciudad hecha de reflejos. Una ciudad hecha de espejos sucios y sin forma regular ni estable. Una ciudad sujeta al capricho de la lluvia sobre ese mar proceloso de basalto inabarcable donde las heroicas mujeres romanas se lanzan a diario a pasear con sus tacones inverosímiles.

De charco en charco, después de la lluvia, paseando. De charco en charco, recuperando esa ciudad inestable y caprichosa. De charco en charco, mirando al suelo no para no caernos, como Tales por mirar al cielo, sino para ver trozos de ese mismo cielo atrapados en estos fugaces archipiélagos. Y así, tal vez, entre esos trozos de cielo, se cuelen también otros pasajeros a los que normalmente estamos acostumbrados a ver cabeza arriba en la normal esencia de sus seres estables y duraderos.

UNO: *¿Iuxta obeliscum inter duas metas*, qué es lo que hay, querido? Pues una joya votiva que mandase construir su católica majestad, reina de Castilla, con cargo a sus rentas del reino de Sicilia, que de ese sí que era reina sin cuestionamientos ni guerras ni apaños, aunque consorte y sin pisar su tierra firme. El monumento que conmemora la reliquia más verdadera en toda Roma, a pesar de que seguramente el hueco sobre el que se alza no sea ese que se pretende que dejase la cruz, dada la vuelta, del pescador del mar de Galilea. Un templete que abre las historias de la arquitectura renacentista en Roma es lo que hay *'inter duas metas'*, para conmemorar el nacimiento de un varón muerto de 'mal de amores' ya a la hora de

12.1 Templete de San Pietro
in Montorio

la piedra primera, esperanza frustrada de 'las Españas'. El templete
de Bramante es lo que hay. ¿Y este templete, qué es lo que custodia
en su interior?: un hueco, aire, nada; la verdad más verdadera. Un
hueco oscuro, *Oscuro como la tumba donde yace mi amigo*, que dijo
Lowry; oscuro como la tumba donde uno manda a los mitos que en
un momento casi estuvieron a punto de dejar de serlo.

12.2 Santa Trinitá dei Pelegrini

DOS: De repente un pájaro surca los cielos de agua sucia donde previamente han chapoteado los peregrinos. ¿Un pájaro o una paloma? Porque bajó el Espíritu Santo del cielo abierto en forma de paloma. Y ahí cerca está la puerta abierta al peregrino de la Trinidad del peregrino a las puertas mismas del Trastevere, antes (o después, según se mire) de cruzar el Ponte Sisto. La única iglesia de roma donde en la noche del jueves santo huele a incienso y es de noche y caen rendidos a las plantas los romanos que sean tal vez napolitanos. La única iglesia de toda Roma donde en esa noche a la espera es de noche y las velas son de cera, con llamas titilantes que consumen y sin dar pena.

12.3 Cancillería Apostólica

12.4 Cancillería Apostólica

TRES: ¿Qué hace un roble en esa esquina? Vigilar, por si algo pasa en la plaza del mercado.

CUATRO: Y al llegar a la esquina el elemento de repetición se transforma. Ya no es columna, sino pilar. Ya no es cilindro, sino prisma compuesto. Sin cambiar el ritmo; sin pestañear siquiera. Un pliegue algo modificado.

12.5 Cancillería Apostólica

12.6 Cancillería Apostólica

CINCO: ¿Cómo puede estar uno más cerca del cielo? Sin duda amando. Las firmas de la Cancillería Apostólica no lo pueden esto asegurar. Aprender a amar, quiero decir; llegar al cielo. ¿Y por qué es maciza la última planta sobre dos sucesivas galerías? No lo sé. Será que el cardenal quería vivir sobre el vacío. Será que quería llevar su casa lo más alto posible para estar así más cerca del cielo; no lo sé. ¿Pero por qué está encima la masa y abajo el vacío? No lo sé. ¡Qué cosas preguntas!

SEIS: Así es cómo la rosa grande se parece a la rosa pequeña.

12.7 Plaza Navona

12.8 Plaza Navona

SIETE: La torre y la cúpula. Un vacío para marcar el centro. Un elemento macizo (dos en este caso, uno a cada lado del vacío) para delimitar la frontera y para subir bien alto, bien alto, y ver Roma desde allí, desde el centro mismo del campo marzio; desde el borde construido (reconstruido) del vacío que dejó el estadio.

12.9 Plaza Navona

OCHO: De pie sobre el vacío dejado por la roca, esbelto se alza el obelisco de Egipto trasplantado al estadio de Domiciano desmontado. Y en lo alto de la piedra milenaria, la paloma de Inocencio con su ramito de olivo. En el centro de la plaza de las naumaquias, aunque no enfrentado a la iglesia donde se guarda esa pequeña cabecita como prenda en una caja de oro custodiada. ¿Qué es lo mejor para indicar sobre un plano horizontal dónde está lo que interesa? Pues plantar un eje vertical en medio y colocarlo, todo masa, sobre el vacío. El eje vertical es el que dirige la mirada hacia lo alto. El plano horizontal es, no obstante, el plano que patean los pies incesantes al pasar de un lado al otro. Y la masa sobre el vacío y el vacío sobre el agua eso es pura audacia de Bernini.

12.10 Plaza Navona

NUEVE: Bernini contra Borromini. Los Rainaldi contra Borromini. El papa Chigi contra Borromini. Y él que sólo quería hacer arquitectura.

El obelisco y la torre. Dos elementos verticales en un mismo plano horizontal. Uno en el centro de la plaza. La otra, alzándose en un lateral, con su gemela y marcando el final de la inflexión de la fachada de la iglesia, que se abomba como una vela para crearse un espacio propio intermedio entre el exterior vacío y en interior también vacío.

12.11 Plaza Navona

12.12 Sant Ivo alla Sapienza

DIEZ: Asómate a mirar, ya verás cómo está la plaza llena. Asómate a mirar a la serliana de palacio. Y verás desde Brasil la plaza más romana del campo marzio. Asómate y verás cómo pasa el tiempo y los millones de turistas con sus cámaras en ristre dando tumbos de foto en foto para llevarse a casa Roma en la mochila, en las memorias, en las tarjetas. Ya verás cómo no te ven, aunque sea enorme tu presencia tras el cristal de la serliana.

ONCE: Para subir al cielo hay que recorrer un largo camino hacia la sabiduría. Largo y escabroso, decía Milton. Largo y tortuoso le parece a Borromini. Una espiral ascendente hasta la llama que lo abrasa, hacia esa luz que en la noche no le acercan y se mata. Una espiral que asciende lentamente, para que haya tiempo a reposar lo que se lee, lo que se aprende, lo que se descubre. Y lo que se descubre, lo que se aprende, lo que se lee, ¿qué es? Pues que largo y escabroso es el camino. Y nada más.

13.

MIRADAS DISPERSAS

13.1 Roma desde el
dormitorio del estudio 6

Abrir la ventana cada día y ver al fondo, la cúpula. Y entre la cúpula y tú: ese paisaje cambiante con el tiempo. Ocres. Nada. Verde. Explosión de color. Ocres otra vez. La cúpula, inmutable. El intermedio, cambiante para dar cuenta del paso inexorable y cíclico del tiempo. Y tú, tú ya no estás para contemplarlo. Sólo te queda la memoria y el apunte del primer día en que te levantaste del calor del lecho, abriste la ventana y zas, el golpe sordo en el plexo solar al ver al fondo, entre las ramas aún vacías, la enorme cúpula sobre la tumba.

13.2 Roma desde la torre oriental de la Academia

Subir a la torre y ver a lo lejos Villa Medici. Y comprender que esta
ciudad es una ciudad que está hecha para ver y para ser visto; para
descubrir que tienes cuerpo visible porque ves y porque te ven. Y,
vista a lo lejos Villa Medici, continuar mirando en un ejercicio cotidiano la silueta. Y ser capaz cada día de poner un nombre nuevo:
Santa Inés, San Carlos, El Jesús, San Ignacio en campo marzio,
Villa Borghese en lontananza, Montecitorio, la columna de Trajano,
el mausoleo de Adriano, los apóstoles pequeñitos a pesar de ser
tan grandes de San Giovanni in Laterano, la Trinidad del Monte Pin-
cio, el Panteón, la Minerva, San Ivo, el Quirinal, la piña del Belvedere
si tienes la vista bien fina, Santa Sabina, el campanario de Santa
Cecilia. ¿Qué es poder nombrar a cada uno por su nombre, sino
reconocer? Conocer es ser capaz de distinguir qué es uno en medio
de todo lo demás, qué sea en medio de lo otro. Conocer es ser capaz
de establecer el límite no sé si preciso de las cosas, pero el límite.
Conocer es hablar de las fronteras y poner nombres. Poco a poco,
con esfuerzo y tesón diarios, va perfilándose en tu cabeza esta ciudad que traías desde lejos. Y la silueta que dibujas en tu mente se va
llenando de figuras y paulatinamente de palabras. Una cúpula, una
torre, un obelisco, una espadaña, una columna, una espiral. Y sus
nombres, uno tras otro. Hasta que se cumple el tiempo. Y es hora
de marcharse. Y de dejar la torre libre para que otro llegue detrás a
continuar el ejercicio de empaparse de Roma, de ir construyendo la
ciudad en su cabeza y tal vez también en sus papeles, como éste.

13.3 Teatro de Marcelo y Pórtico de Octavia

Roma es una ciudad hecha de fragmentos; unos sobre otros, yuxta-
puestos, en franco debate, luchando por no caer, por no ceder, por
resistir en el tiempo y también en el espacio. Roma es una ciudad
hecha de trozos sobrepuestos, de fragmentos del pasado incluidos
en trozos de presente. Vive uno sobre la cávea del Teatro del Marcelo.
Se asoma a la ventana hacia el Campidoglio y se toma un café en
una cocina albergada en un tramo de galería del teatro. O se baja a
la terraza del bar del barrio a tomarse unas alcachofas a la romana o
a la judía a la sombra del pórtico de Octavia. O pasea entre las pie-
dras que juntas hacen a veces trozos de columnas, una esquina de
un viejo templo, un arco de triunfo.

13.4 Muro del Pecile,
Villa Adriana

A la sombra de ese muro me cobijo en el verano. Al sol tibio del invierno me siento en la otra cara a leer tranquilamente. Y si estoy cansado de vaguear, paseo a lo largo del Pecile recordando que en otro tiempo era Adriano el que lo hacía en estos páramos desiertos llenos de restos que resisten.

¿Cómo es una pieza de ese enorme mar de basalto que cubre, irregular, el suelo romano? ¿Cuánto pesa? ¿Cuánto mide? ¿Cuántos de ellos hacen falta para empedrar todo el vacío de la plaza que antes era un gran estadio? ¿Cómo hacer cuando se llega a un borde para resolver el encuentro? ¿Cómo hacer para que haga charcos cuando llueve

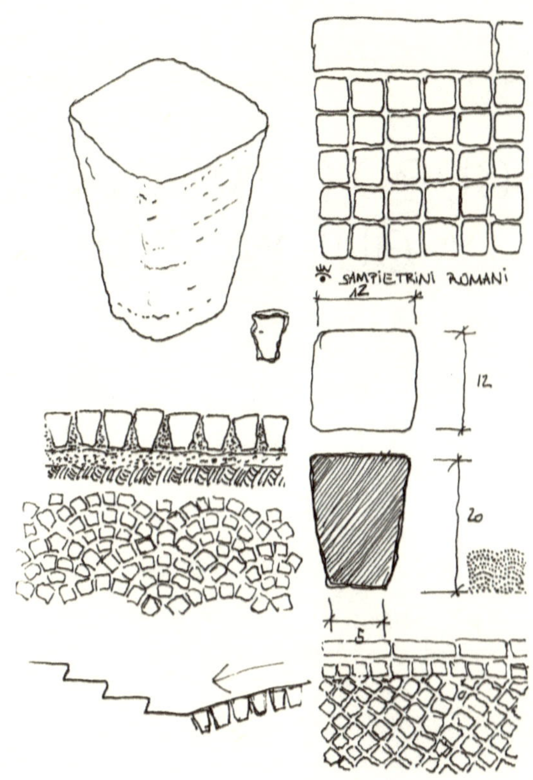

13.5 Sampietrini romano

y poder luego ver en ellos esa otra ciudad de archipiélagos construida y efímera? El suelo romano es un mar inmenso de *sanpietrini* irregulares. Es un mar que ondula por momentos. El suelo romano es un manto irregular de trozos de basalto que responden a un mismo patrón sin que haya dos iguales, sin que sea posible encontrar dos piezas exactamente idénticas; ni falta que hace. La junta es otro asunto; otro mundo. Por la junta se cuelan los tacones de las romanas, valientes como ellas solas, que saben salir airosas cada día al navegar con gracia por entre las siete colinas de la antigua Roma empedrada de basalto a trocitos irregulares, pero con la misma pauta.

14.

OSCURO COMO LA TUMBA EN LA QUE YACE MI AMIGO

14.1 Alzado del templete de San
Pietro in Montorio, por Bramante

Decía Le Corbusier que la arquitectura está más allá de la resolución de las cuestiones funcionales y constructivas, a las que,
sin embargo, todo arquitecto ha de atender necesariamente como
punto de partida.[1] La arquitectura comienza cuando esas cuestiones
han quedado convenientemente solventadas; se da por sentado y
no puede dudarse de ello. Sin embargo, es algo más que eso porque
cuando la cuestión se detiene ahí sólo hay construcción. Y la arquitectura es algo más que construcción; es ese algo más que aparece
después de resolver las cuestiones básicas de la construcción y de
la resolución de unas necesidades, las que sean. De manera que se
trata de un 'algo más' que el arquitecto da gratis en su obra porque
supera lo que necesariamente tiene que dar en toda ella. Es esa espe-
cie de 'no sé qué' que hace al ser humano emocionarse, removérsele

[1] Le Corbusier (1923): *Vers une architecture*, París; versión española de Josefina Martínez Alinari: *Hacia una arquitectura*, Buenos Aires: Poseidón, 1964.

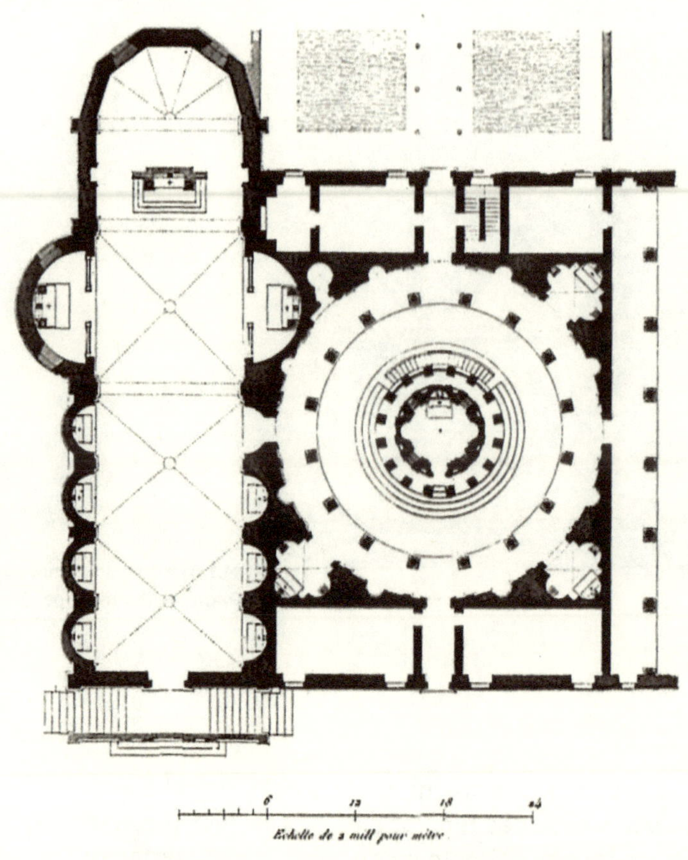

14.2 Planta de conjunto del complejo de
San Pietro in Montorio según Letarouilly
como transcripción del proyecto publicado
por Serlio en su tratado de arquitectura

algo dentro del alma, incluso en los espacios que le son cotidianos.
Y ese algo que produce emoción en el ánimo es lo que el buen arquitecto da de más cuando ofrece una solución a un problema cotidiano. Por esos las grandes obras de arquitectura lo son siempre y no
pertenecen a nadie en concreto, ni siquiera al arquitecto que las creó

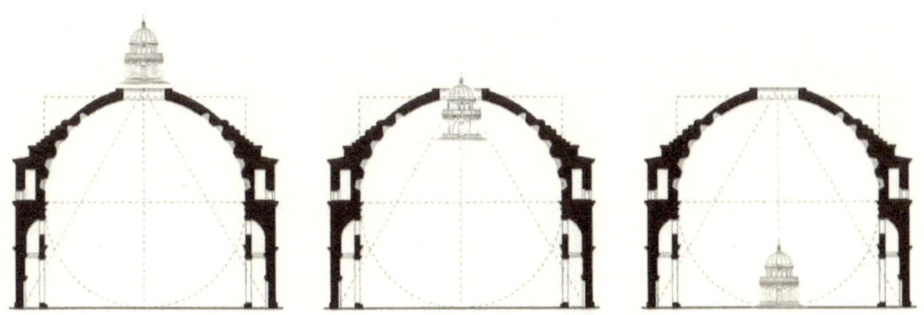

14.3 El templete 'colándose' por el óculo
del Panteón, esquema del autor

o a los clientes que las encargaron por más que sin ellos no hubiesen sido posibles. Las buenas obras de arquitectura pertenecen al
patrimonio común porque interpelan directamente al ser humano
mientras éste persevere y siga siendo; por eso son atemporales y se
puede aprender de ellas siempre; aprender la lección imperecedera,
no lo que de apariencia conlleven en sí.

Cuando se llega a la Academia de España en Roma, lo primero que
se ve tras una puerta anodina es un edificio pequeñito colocado
en un claustro agobiantemente estrecho: el templete de Bramante.
Tan pequeño es el claustro que el templete, siendo pequeño (tanto
que cabría limpiamente por el óculo del Panteón y quedaría holgado
en algún salón de los del palacio Farnesio sin dificultad alguna si
pudiese colocarse en cualesquiera de los dos edificios para corro-
borarlo), parece enorme allí plantado. Es el edificio canónico en los
libros de la arquitectura occidental para ilustrar los logros del renacimiento romano. Tan es así, que siendo tan pequeñito apareció
rápidamente entre los edificios importantes a los que mirar. Serlio y
Palladio lo incluyeron en sus tratados de arquitectura entre los edificios de la antigüedad romana, siendo entonces un edificio, aunque
inconcluso, de la más rabiosa actualidad.

El templete de San Pietro in Montorio fue la primera obra de Bramante trasladado a Roma. Y a pesar de ello, no se terminó por completo el

proyecto y se dejó sin construir el complejo a la muerte del arquitecto. Pese a ser un edificio inconcluso, es caso ejemplar de la arquitectura más sobresaliente del mundo occidental. ¿Pero qué es exactamente este edificio pequeñito para que sea tan importante?, ¿cuál es la lección que contiene para que, aun sin terminarlo del todo, sea tan admirado? Difícil respuesta la de estas preguntas, puesto que hay muchas razones para ello. Sin embargo, todas estas razones van en la línea expresada por Le Corbusier de que la arquitectura rebasa la línea de la construcción y comienza a ser cuando se han resuelto las cuestiones constructivas y funcionales; y en este caso concreto, incluso con independencia de ellas, como se podrá ver. Y estas razones hacen cierta la advertencia con que el propio Le Corbusier cierra su capítulo sobre impresiones de Roma en *Hacia una arquitectura*. La de que la lección romana es para especialistas o arquitectos avezados que saben ver más allá de la apariencia de las cosas, tan peligrosa a veces porque contiene en sí el riesgo de la copia de lo intrascendente dejando a un lado el aprendizaje de la lección realmente importante.

El templete de San Pietro in Montorio conmemora lo que a buen seguro es una equivocada interpretación de un texto antiguo, según el cual a San Pedro lo fueron a crucificar «iuxta obeliscum inter duas metas». Y esta referencia vaga, que parece referirse más bien a la espina del circo de Calígula sobre el que se edificó la basílica vaticana, se interpretó en época medieval en clave geográfica para elegir el lugar del Gianicolo donde se quiso ver el sitio del martirio de Pedro. Las dos metas que fijaron en la etapa medieval este sitio como lugar santo fueron la pirámide de Cayo Cestio (*Meta Remi*) y la otra desaparecida en el Borgo (*Meta Romuli*). De manera que a mitad de camino entre estas 'dos metas' se buscó, en el *Mons Aureo*, el lugar donde debía permanecer intacto el hueco que dejó la cruz de San Pedro en la tierra viva de Roma. Y sobre ese pretendido hueco (siempre se acaba encontrando aquello que se está empeñado en encontrar a toda costa) se colocó el martirium; y sobre ese martirium, el templete luego.

El templete, por tanto, es un relicario que justamente viene a conmemorar un hueco: aire, nada. El templete conmemora el vacío que dejó la madera de la cruz en la tierra al ser desclavada de ella. De modo que cuando todas las demás iglesias romanas, que se cuentan por

14.4 Reliquia de las huellas de Cristo impresas en una piedra de la via Appia

centenares, se aprovisionan de reliquias materiales de cualquier tipo (frecuentemente huesos, despojos mortales de santos o de objetos que se atribuyen a su uso o contacto), ésta se erige sobre un simple hueco de origen dudoso. En la iglesita del Quo vadis, Domine, al borde la via Apia, se guarda con cuidado la reliquia (la copia) de la piedra del camino en que se imprimieron las huellas de Cristo al aparecérsele a San Pedro en su huída de Roma. Y los fieles van a venerarla. Una piedra al fin y al cabo, con unos piececitos impresos; pero piedra a la postre, materia que pesa y se toca (algunos la besan). Y sin embargo, en el templete se custodia algo aún más sorprendente. El templete riza el rizo de guardar cosas y es la iglesia de toda Roma que contiene tal vez la reliquia más verdadera: aire, nada, un deseo que se materializa en un hueco oscuro, *Oscuro como la tumba en la que yace mi amigo*, que diría Lowry.

¿Pero ya que se está, es iglesia este edificio? ¿O es sólo edificio conmemorativo? ¿Es edificio, incluso? Todas estas preguntas surgen a la luz de una contemplación más detenida del templete y de la reflexión corbuseriana de dónde comienza la arquitectura.

14.5 Cripta del templete de San
Pietro in Montorio con el hueco de
la cruz en el suelo

Sabido es, pues, que este objeto se coloca sobre el sitio supuesto
donde existe un hueco que la tradición se empeñó en hacer coincidir con el que dejó la cruz de San Pedro sobre el suelo romano. De
modo que el cometido simbólico del templete está meridianamente claro aunque el origen sea dudoso: contener y marcar el punto
donde se dice que fue crucificado el pescador de Galilea, que se
convertiría en el primer papa romano. Este cometido simbólico del
templete es fundamental porque sin él no tendría razón de ser. Se
puede decir que es la razón primera y la que da sentido a que sea
el edificio. Todo lo demás son cometidos accesorios. De modo
que con sólo esto dicho ya hay una lección bien importante: que la
arquitectura tiene una componente representativa que a veces es
la más importante razón para que exista. En este caso, marcar el

hueco de una cruz sobre la tierra simboliza la unión del romano pontífice con el hecho histórico donde reside su pretensión de primacía sobre los demás pastores del orbe cristiano. Y no es cuestión menor ésta porque por este hecho el mundo se anda en divisiones insalvables aún hoy. Cuestión de ideología. Así que este cometido simbólico no ha de pasar tan inadvertido porque es esencial y explica el empeño que hizo posible la existencia del objeto arquitectónico.

También es sabido que el templete tiene un cometido votivo. Es decir, que fue construido para conmemorar otro hecho ajeno y lejano al origen del hueco de la cruz que custodia en su interior. Un hecho que se buscó como razón con la cual obtener el dinero necesario para levantar el edificio. Así que si la razón simbólica es la razón primera, esta otra razón añadida fue el medio para llegar a la construcción.

El templete fue costeado por los Reyes Católicos, Isabel y Fernando, con cargo a las rentas de la Corona de Sicilia como acción de gracias por el nacimiento de un hijo varón: el príncipe Juan. Curiosamente llevaba ya Juan de Aragón varios años muerto cuando el cardenal Bernardino de Carvajal puso la primera piedra de este edificio en el Gianicolo para comenzar a levantar el proyecto de Bramante. Su muerte, sin embargo, no fue óbice para que sus padres (su madre) pagasen con su peculio los gastos del arquitecto y de la obra. De modo que lo de la acción de gracias por la intervención divina en el nacimiento de ese príncipe que ya había muerto fue sólo la excusa con la que financiar las obras de erección del templete y para su adscripción española, que es tal vez lo que menos importa de todo.[2]

De modo que estas dos razones primeras fueron el hecho y el comitente; la necesidad y el cliente, por decirlo. Dicen que decía Francisco Javier Sáenz de Oíza que para hacer buena arquitectura hacen falta un buen arquitecto, un buen cliente y una buena idea. Pues todas estas circunstancias se dan en el templete. ¿Qué mejores clientes que unos que ni siquiera han puesto un pie en el edificio y

---

[2] Sobre el asunto de la adscripción del templete a las rentas del reino de Sicilia, correspondientes por contrato matrimonial a Isabel I de Castilla, ver Manuel Fernández Álvarez (2003): *Isabel la católica*, Pozuelo de Alarcón: Espasa-Calpe.

que sólo ponen el dinero para que se construya lo que el arquitecto diseña? Es lo que todo arquitecto soñaría, unos clientes que no se quejan porque lo único que pretenden es prolongarse en el tiempo a través del patrocinio de la arquitectura más vanguardista en su momento. Y de eso los Reyes Católicos dieron buena muestra, patrocinando a Bramante en Roma (no debía de tener mala vista el cardenal Carvajal a fin de cuentas), como patrocinaban en sus reinos peninsulares a Egas Cueman.

Respecto al cometido funcional del templete, cabe ya la duda razonable. No porque no lo tenga, sino porque lo cumpla o no. Y es en este punto donde se comienza a manifestar que la arquitectura está más allá de la resolución de un problema de carácter funcional. A primera vista, es lo que cabría esperarse, el templete es algo así como una iglesia. Es un lugar de culto donde se reúne gente para celebrar un rito en memoria del personaje que fue martirizado, se supone, en el lugar mismo donde se erige el edificio. Sin embargo, el hecho de que el templete tenga altar no induce que sea precisamente una iglesia. De manera, que tal vez el cometido funcional sea un añadido al cometido simbólico; un encajado a toda costa habida cuenta el carácter del edificio.

Una iglesia cristiana es un lugar para la reunión, un contenedor amplio para congregar a los fieles que dentro celebran una asamblea. Por más que el templete sea un edificio consagrado al culto católico, esta premisa del lugar de reunión para el culto es imposible. Con sus 4,5 metros de diámetro (que es una dimensión doméstica) para el cuerpo de la cella, poca gente cabe dentro: a mala pena el oficiante y los acólitos. Y eso porque hay altar dentro sobre el que oficiar. Tal vez, si no existiese este elemento se entendería mejor que el cometido funcional que cabría esperar de este edificio no es ni mucho menos el principal ni siquiera el deseado.

Pero no es sólo que el templete tenga en unas dimensiones casi domésticas; el palacio Farnesio tiene salas en las que cabe enterito este edificio, por ejemplo aquella en la que está el enorme Hércules. Es la propia forma elegida: un templo rotondo. La formalización centralizada del templete complica tremendamente ese intento de ser considerado iglesia. Pone de manifiesto un hecho meridiano:

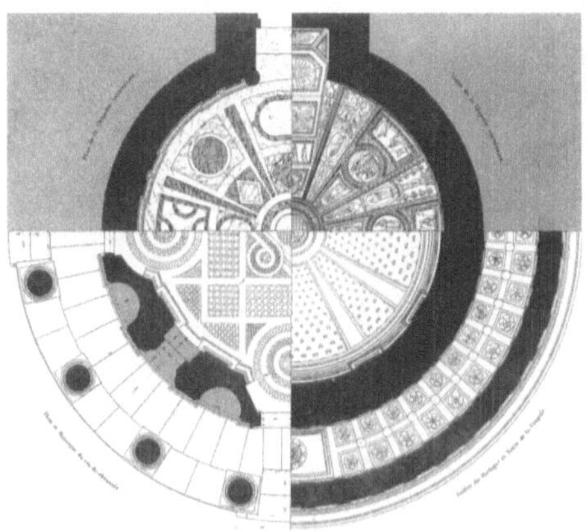

14.6 Planta en cuatro niveles del templete de San Pietro in Montorio, por Letarouilly

14.7 Sección de la cripta del templete por el altar de la capilla superior, por Letarouilly

los arquitectos del renacimiento soñaban con las configuraciones centralizadas, con las composiciones por rotación o las acumulaciones con simetría focal. Y este sueño lo aplicaban a los edificios que podían construir: iglesias. Incluso la aplicaban a los sueños de planteamientos de ciudades que nunca se llegaron a construir en su completo alcance a pesar de Palmanova. Sin embargo, el hecho mismo de tener que colocar un altar en un edificio-iglesia de composición central da poco margen: o se coloca en el mismo punto del que parte todo o la centralidad queda en manifiesta contradicción con el planteamiento ideal. De modo que la función viene después y lo que cuenta es el planteamiento; lo importante es la expresión de

14.8 Cúpula del templete desde
el interior de la cella

la idea y que se use el edificio como iglesia es el mal menor, la razón
de necesidad para hacer arquitectura.

Por esto, la colocación del altar en el templete es una contradicción
manifiesta. El altar es el elemento necesario (indispensable) en una
iglesia católica; como tal, no puede faltar. Pero el altar es lo secun-
dario en este edificio. De hecho, al introducirlo hace que aparezca
una contradicción insalvable en el planteamiento del proyecto. Su
colocación natural según el orden central es imposible porque el
centro del complejo lo ocupa el hueco dejado presuntamente en el
suelo por la cruz donde fue martirizado San Pedro. Así que, colocado desplazado de la única posición coherente con el planteamiento
general, introduce un eje en el edificio contradictorio con la condición central del templete.

El altar que hace iglesia al edifico y representa el cumplimiento en
parte del cometido funcional es un elemento contradictorio y hasta
superfluo. La configuración del conjunto no construido y del objeto arquitectónico que sí se construyó como parte del todo no hace
más que evidenciarlo. El templete es la conmemoración de un único
punto sobre el orbe terrestre. No es una iglesia; y que se haya querido

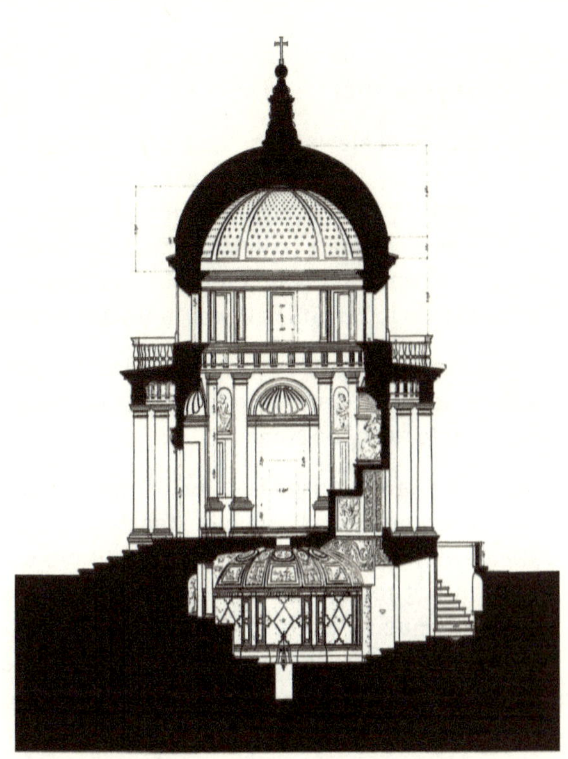

14.9 Sección del Templete
de San Pietro in Montorio
por el altar, por Learouilly

convertirlo en tal contradice y ofusca el limpio planteamiento de Bramante. El supuesto cumplimiento de un cometido funcional choca flagrantemente con el hecho principal, que es el que supone el cometido representativo: señalar el hueco de la cruz. De hecho, ese hueco, que se coloca en la cripta, es visible desde el plano del suelo del espacio superior por medio de un agujero practicado en él. Por medio de ese agujero en el suelo se crea una conexión visual que genera un eje vertical que va desde el suelo horadado por la cruz hasta el cenit de la cúpula estrellada que marca al exterior el punto sobre el que se quiere llamar la atención. Así que el esquema de Norberg-Schulz para definir el espacio arquitectónico está contenido en este edificio. Un plano horizontal con dos direcciones, que es el plano de los movimientos, de los desplazamientos. Y un eje perpendicular a ese plano, que marca la ascensión de la mirada hacia lo trascendente.

En este caso el eje vertical, que en el esquema de Norberg-Schulz es una entelequia, se compone de una sucesión de espacios conectados en el interior y de una acumulación de masa en forma de sólidos platónicos en el exterior (cilindro y media esfera). De manera que esta solución, como planteamiento libre de tener que cumplir un cometido funcional, es lo que hace importante este objeto arquitectónico.

El templete, por tanto, es un relicario grandote. Se puede decir que se trata de un relicario ampliado de escala. ¿Y qué se guarda en él? Nada, vacío, aire, un hueco.

Y aquí es cuando surge una de las grandezas del planteamiento de Bramante y que es una de esas lecciones que sólo saltan cuando se está atento. Siendo el templete un edificio para contener un vacío solamente, ¿no cabe verlo también como un objeto en sí mismo en el que además se puede entrar? ¿Cuál es el límite entre la arquitectura y la escultura? ¿Cuándo un edificio deja de serlo para ser una escultura y viceversa? Es decir, el templete de Bramante, por las propias dimensiones que tiene, es una investigación planteada sobre el límite mismo de la arquitectura.

El cometido del templete supera lo funcional, puesto que como iglesia está claro que no puede funcionar, aunque se haya forzado para ese uso. De hecho, si no se hubiese forzado, se comprendería mejor este asunto. Y si se hubiese concluido el proyecto completo, más aún. Porque el proyecto completo, como lo muestra Serlio en su tratado, es el de crear un vacío cercado, separado del resto, para colocar en él un elemento masivo. Y en ese elemento masivo lo que sucede es que existe a su vez una serie de vacíos internos, de espacios concatenados verticalmente, sobre el hueco en la tierra que se pretende conmemorar. Esa es la operación y esa es la lección primera.

Junto a la iglesia de San Pietro in Montorio la primera operación fue la de delimitar el área sacra. Un plano horizontal cercado por un límite preciso. Ya se sabe que la cuestión de los límites es primordial para el reconocimiento de las cosas. Lo expresa Chantal Maillard en su defensa de las fronteras; es el paso necesario, dice, para el

14.10 Planta del esquema compositivo del complejo de San Pietro in Montorio, por Arnaldo Bruschi sobre el proyecto publicado por Serlio en su tratado de arquitectura

conocimiento.[3] Trazar un límite es estar en condiciones de decir que una cosa es esa cosa y no otra; que es ella en medio de todo lo demás, de lo que se distingue, pues todo límite es una frontera entre lo uno y lo otro. Así que la delimitación del cuadrado que encerraba el lugar santo era cuestión primordial. Y siendo un punto lo que se conmemoraba, está claro que debía de ser un cuadrado la figura que delimitase el ámbito propio del lugar; por aquello de reafirmar la condición focal de la operación. Por eso el templete y su claustro inconcluso fueron la única oportunidad de crear la obsesión de los arquitectos renacentistas: un edificio centralizado, considerada la centralidad como el ideal de perfección.

[3] Chantal Maillard (2009): "Salvando las fronteras", en *Contra el arte y otras imposturas*, Valencia: Pre-textos.

Las dimensiones mínimas del templete se refieren al problema de la escala y al cumplimiento de un sistema modular llevado a su posición más forzada.

Bramante diseñó y construyó este objeto arquitectónico apoyándose en el lenguaje del templo clásico: columna, arquitrabe, cella, etc. Ese lenguaje, que era en el que se movían ya con cierta soltura interpretativa los arquitectos de su tiempo, llevaba implícita dos cuestiones importantes. Como lenguaje arquitectónico tiene unas reglas de composición precisas basadas en los elementos o signos que se pueden descomponer hasta llegar el nivel irreductible de la comprensión mínima. Estas reglas siempre van en relación tripartita. Para un primer nivel: basamento, desarrollo y coronación. En un segundo: estereóbato, columna y entablamento. En otro menor: basa, fuste y capitel. Y llegando ya al final, hasta el elemento menor posible, la moldura; por ejemplo cada una de las que componen el capitel y que son en sí ya irreductibles: collarino, equino y ábaco.

Este lenguaje plástico se encuentra dotado de un sistema de reglas que se basa principalmente en la referencia compositiva ligada a un módulo. Es decir, se trata de un sistema modular donde el todo se compone de un orden controlado de partes. Y ese orden tiene que ver con la proporción, que asegura un resultado visual aceptable a la estética del momento. Por eso son tan importantes en el templete el sistema modular de proporciones, la escala y la dimensión.

Todo el proyecto radia del punto marcado por el hueco de la cruz. Y en honor al sistema modular de proporciones, todos los elementos del lenguaje adoptado van adaptándose a su posición. De manera que la clave de la operación la dicta el peristilo del templete. La columna tipo del peristilo, cuyo diámetro da el módulo del sistema, es el que hace posible que todo encaje sin que el edificio explote, de pequeño que es, al aplicar en modo radial el sistema proporcional en toda su extensión. Porque, como se puede suponer, el problema de jugar con el límite plástico de la dimensión en un sistema proporcional como el usado tiene que partir de una medida precisa. Esta medida es la que garantizará que el sistema entero puede funcionar de acuerdo al orden preestablecido y que el resultado es un objeto arquitectónico y no un escultórico.

14.11 Campario de Sant'Andrea
delle fratre, Borromini

Con el módulo elegido por Bramante se llega a las dimensiones
mínimas para que la cella tenga en su interior un espacio en que
sea posible entrar con cierta holgura, en atención a que el templete
se quiso que fuese un edificio y no una escultura. Una dimensión
más apretada habría hecho imposible el acceso al interior y el templete sería relicario escultórico nada más. Hubiese explotado como
explotó luego el campanario de Santa Andrea delle Fratre por obra
de la compresión que le introdujo el genial Borromini. De hecho, tan
al límite se juega con la dimensión que el sistema proporcional y la
composición radial necesariamente entran en conflicto en la cella. Al
radiar hacia el muro de la cella, las columnas quedan convertidas en
pilastras. Sin embargo, las puertas, con sus dimensiones dadas, cho-
can abruptamente con esas pilastras-espejo. De modo que es evidente que el marco de la puerta principal, por ejemplo, está en manifiesta competencia con las pilastras que repiten en el muro las columnas
del peristilo. Es más, en el interior de la cella es imposible ya que

radien todas las columnas. Las hornacinas internas y las puertas hacen que se pierdan ya pilastras y que se opte por la alternancia radial en grupos de pares de líneas. Con lo cual queda demostrada la sagacidad de Bramante para llegar al límite plástico del sistema proporcional empleado como composición de las masas sin traicionar demasiado los elementos de la lógica elegida.

El sistema modular está llevado en el templete de San Pietro in Montorio a su límite con las dimensiones más apretadas que han sido posibles partiendo de una sola premisa: que la cella debía ser accesible. Sin embargo, lo importante no es siquiera esto, que es un problema resuelto con inteligencia. Lo importante es que la voluntad era hacer un edificio mínimo en dimensiones para contener un espacio donde guardar un hueco; bien que ese hueco fuese más la expresión de una voluntad que otra cosa.

Al quedar inserto el edificio tan pequeño en un patio peristilo que insistía en la circularidad, se hacía menor el esfuerzo hecho. Es decir, al encontrarse el edificio apretadísimo en cuanto al sistema proporcional, en un espacio acotado visualmente, el templete parecía mayor de lo que es. La monumentalidad, siendo dimensionalmente enano, la garantizaba el hecho de colocar el objeto en un espacio separado del exterior y cerrado por una pantalla de columnas que radiaba también desde el mismo punto. Hoy el templete está en un patio rectangular sin galería perimetral. En ese angosto patio se ha perdido la referencia a la centralidad. Sin embargo, lo que se mantiene es el efecto monumental, puesto que es muy difícil la visión completa del templete de una sola vez si no es desde el espacio intermedio del atrio.

Que el edificio, siendo tan pequeño, no quepa visualmente en una única mirada salvo en un único punto es un efecto más del sutil planteamiento de Bramante. De modo que aparece mayor en apariencia de lo que realmente es. Y sólo a la medida se demuestra la realidad. Como sólo a la mirada detenida se aprecian los sutiles juegos que han tenido que ponerse en marcha para evitar que la dimensión reducida hiciese estallar, por compresión, el sistema de orden elegido para la configuración masiva.

14.12 Esquema en sección del complejo
no construido del claustro de San Pietro
in Montorio, por Arnaldo Bruschi

14.13 Los pensionados de arquitectura
de la Academia de España de 1910
midiendo el templete de Bramante

15.

EL VIAJE DE VUELTA

Este texto, en su versión original, fue publicado en *Hipotesis H*, Revista digital sobre arquitectura Madrid, mayo 2011, p. 9; ahora, se publica revisado y ampliado.

Reflexión a posteriori sobre la estancia de un arquitecto en la Academia de España en Roma

15.1 Pues me voy

El aprendizaje en arquitectura requiere de la formación de una amplia memoria visual. Es preciso formar una vasta colección de imágenes que es almacén de ideas construidas de las que aprender conceptos. Con ellas será más fácil conocer la realidad y proponer transformaciones en ella para conseguir unas determinadas intenciones. A la postre, la labor del arquitecto no parece otra que la de transformar el medio con sus ideas, construirlas para crear un espacio donde la vida del hombre tenga lugar. La clave, además, es disfrutar haciéndolo y no perderse en el intento.

El viaje de estudios ha estado siempre ligado a la formación del arquitecto como herramienta de conocimiento del mundo. Para transformar el mundo, es necesario previamente conocerlo. Y viajar ayuda a ampliar el horizonte a través del contacto con otras realidades. Además, viajar permite el contacto con lo otro. Y a través de ese contacto, se es capaz de tener algo más claro que sea el yo que no es lo otro.

Roma ha sido históricamente, bien es cierto que por razones de tipo ideológico, un punto de referencia en la formación del arquitecto. En ella se dieron cita siempre los más afamados artistas y arquitectos, con situaciones bien curiosas de coincidencias espacio-temporales que a veces fueron coincidencias reales entre artistas: Juan Bautista de Toledo y Miguel Ángel, Velázquez, Bernini y Borromini, Juan de Villanueva y Piranesi, Goya y Mengs, Venturi y Portoghesi...

El viaje de estudios a Roma ha sido un objetivo para arquitectos y artistas; incluso durante la modernidad, aunque en ese momento ya Roma estaba fuera de los circuitos de vanguardia. Muestra son las muchas Academias que los distintos países tienen establecidas en aquella ciudad apetecible para la formación de sus artistas y cuantos han pasado por ellas. A pesar de no ser Roma desde hace mucho tiempo el centro de la actividad arquitectónica más destacada, existe el convencimiento de que hay mucho que allí merece ser aprendido. El viaje de estudios a Roma tiene aún una vigencia comprobable pese a los estragos que causó en las últimas décadas del siglo XX el posmoderno en la arquitectura y el miedo, por tanto, al contacto con la historia. Y eso sí, si hay algo de lo que Roma está llena es de historia, historia viva, que languidece en un tiempo propio hacia un estado de ruina decrépita de cierto encanto.

¿Qué sentido tiene hoy mantener ese contacto con lo romano? En particular, ¿qué sentido tiene que los distintos países manden a Roma a sus jóvenes arquitectos y artistas?, ¿cuál puede ser el fruto que allí se geste para sus carreras?

Le escuché alguna vez al admirado y desaparecido antes de tiempo Luis Moreno Mansilla, también pensionado de arquitectura en la Academia de España (cuando los pensionados se llamaban pensionados; el último en llamarse así, para ser precisos) que la experiencia de Roma para un arquitecto de ahora era la de un madurar lento, como los higos de la higuera del patio de la Academia. La de Roma es una experiencia de lento encontrarse con los grandes temas de la arquitectura que se han estudiado desde lejos. Es un período de reflexión, de absorción de todo aquello que la ciudad está dispuesta a dar; de sus lecciones.

Roma está llena de enseñanzas incluso para un arquitecto de hoy. Sí, he dicho bien. Roma está llena de enseñanzas porque está repleta de lecciones intemporales de buena arquitectura. Lecciones que sobrepasan la apariencia de las cosas. No hay más que ver lo fructífera que fue para Venturi su breve estancia en la Academia Americana, un poquito más arriba en el Gianicolo de la española, junto al templete de Bramante. Sólo es necesario tener voluntad de aprender, afinar la mirada y el ojo crítico y ver más allá de las formas del pasado. Como diría Bruno Zevi, sólo es necesario aprender a 'saber ver la arquitectura'; estar dispuesto a ello. Como esas santas en rapto de éxtasis en su encuentro con la divinidad, un arquitecto sólo necesita en Roma estar dispuesto a recibir las enseñanzas que la ciudad le brinda por doquier... libre de prejuicios contra la historia, pero con la cabeza bien centrada para evitar que se desvíe la atención hacia cuestiones residuales y superfluas. Al fin y al cabo, para hacer algo nuevo, ya lo decía Cicerón, es preciso conocer y estar familiarizado con la historia, con el pasado.

La de Roma para un arquitecto puede ser una inmersión en la ciudad entendida como palimpsesto. También, con la expresión de la arquitectura y el urbanismo como propaganda del poder, que parece que ahora se olvida esta filiación que ha sido siempre por mor de una defensa de una arquitectura detenida en no se sabe qué episodios. Se experimenta el espacio, la masa, las distintas formas de formalizar una piel, de poner en contacto el interior y el exterior. Es posible tener un encuentro con el manejo interesado de la luz, con los efectos teatrales del espacio arquitectónico... con el tiempo en la arquitectura... con la arquitectura como recorrido... con lo difícil que es intervenir en un tapiz tan cuajado y denso de la historia.

Buscar las ideas que dan fundamento al espacio construido. Una nueva manera de enfrentarse con la arquitectura del pasado. La revisión crítica de lo que la ciudad ofrece, experiencia prolongada durante un largo tiempo de silencio, es valiosa herramienta de formación. Hay que saber aprovecharla y no abominar por pensar que no se puede ser moderno siendo romano devoto confeso. ¡Valiente tontería! Para un arquitecto de hoy, la de Roma puede ser una experiencia en primera persona con tantas y tantas ideas arquitectónicas como imagine, aunque la apariencia de las cosas no sea de la mayor actualidad. Sólo es necesario estar atentos.

Como el higo que madura lentamente en la higuerita del jardín de la Academia y llega a un punto de sazón preciso, los resultados de esa experiencia irán madurando y saldrán al fin. Porque si se ha sido consciente de la inmersión romana, si se ha ido con voluntad de aprender de todo, y se han tenido los ojos bien abiertos, todo ese caudal de información dará ciertamente resultados. No se puede seguir siendo el mismo tras pasar por la experiencia. Eso es así.

PROCEDENCIA DE LAS ILUSTRACIONES

El origen y el propósito de este libro son eminentemente académicos, por lo que toda la documentación incluida en él proviene del material didáctico empleado en la actividad docente e investigadora del autor. A continuación se indica de dónde se han obtenido las imágenes, en línea con la doctrina del 'uso razonable' (fair use) que se aplica en el mundo editorial a las publicaciones universitarias, y siguiendo el criterio del artículo 32 de la Ley de Propiedad Intelectual sobre 'cita e ilustración en la enseñanza'.

José Antonio Flores Soto: 0.0, 1.1, 2.1, 3.1, 3.2, 4.1, 5.2, 5.3, 5.4, 5.6, 5.7, 5.8, 5.9, 5.10, 5.11, 5.12, 5.13, 5.15, 5.16, 6.1, 6.2, 6.3, 6.4, 6.5, 6.6, 6.7, 6.8, 6.9, 6.10, 6.11, 6.12, 6.13, 6.14, 6.15, 6.16, 6.17, 6.18, 6.19, 6.20, 6.21, 7.1, 8.1, 8.4, 8.6, 8.7, 8.8, 8.10, 8.11, 8.12, 8.13, 8.14, 8.15, 8.16, 8.17, 8.19, 8.21, 8.22, 9.3, 10.1, 10.2, 10.5, 11.3, 11.4, 11.5, 12.1, 12.2, 12.3, 12.4, 12.5, 12.6, 12.7, 12.8, 12.9, 12.10, 12.11, 12.12, 13.1, 13.2, 13.3, 13.4, 13.5, 14.3, 14.4, 14.5, 14.7*, 14.8, 14.9*, 14.11, 14.12* y 15.1

Juan Manuel Roque Cuéllar: 10.3, 10.4 y 10.6

2.2. De Dante Alighieri: *Divina Comedia*, edición ilustrada por Gustave Doré, 1884, vol. 1, "Infierno", lámina correspondiente al canto XIV

5.1. De GOMBRICH, Ernst H.: *La historia del arte*, decimosexta edición, revisada, ampliada y rediseñada, traducción por Rafael Santos Torroella, Nueva York: Phaidon, 1997, reimpresión, 2010, p. 328

5.5. Reproducción de una postal turística

5.14. De NORBERG-SCHULZ, Christian, *Architettura barroca*. Electa Editrice. Milano, 1979, p. 12

5.17. El autor sobre un plano del *Pecile* extraído de CRESCENZI, Livio; HURTADO de MENDOZA, María; RUBINI, Mauro, *Villa Adriana*, Roma: Ministerio per i Beni Culturali e Ambientali, Soprintendenza Archeologica per il Lazio, 1996

8.2. Planta del Palacio Farnesio; de BENEVOLO, Leonardo, 1981, *Historia de la arquitectura del Renacimiento*, Barcelona: Gustavo Gili, Barcelona; Título original: *Storia dell'architettura del Rinascimento*, traducción al castellano de María Teresa Weyler

8.3. De MURRAY, Peter: *Arquitectura del Renacimiento*, Madrid: Aguilar, 1972, traducción al castellano de Juan Novella Domingo

8.5. De BENEVOLO, Leonardo: *Historia de la arquitectura del Renacimiento*, Barcelona: Gustavo Gili, Barcelona, 1981

8.9. De MURRAY, Peter: *Arquitectura del Renacimiento*, Madrid: Aguilar, 1972

8.18. De PORTOGHESI, Paolo: *Borromini. La architettura come linguaggio*, Milano-Roma: Istitutto Editionale Electa-Ugo Bazzi Editore, 1967

8.20. De PORTOGHESI, Paolo: *Borromini. La architettura come linguaggio*, Milano-Roma: Istitutto Editionale Electa-Ugo Bazzi Editore, 1967, p. 43

9.1. De la postal editada por el Museo Nacional del Prado con motivo del préstamo temporal del cuadro con motivo de la visita del Papa a Madrid, agosto 2011

9.2. De *Le Modulor*, Le Corbusier, versión española: *El Modulor: ensayo sobre una medida armónica a escala humana aplicable universalmente a la arquitectura y a la mecánica*, p. 98

9.4. De NORBERG-SCHULZ, Christian: *Los principios de la arquitectura moderna*, Barcelona: Reverté, 2005, p. 233

9.5. De NORBERG-SCHULZ, Christian: *Los principios de la arquitectura moderna*, Barcelona: Reverté, 2005, p. 213

9.6. De NORBERG-SCHULZ, Christian: *Los principios de la arquitectura moderna*, Barcelona: Reverté, 2005, p. 61

9.7. De ROWE, Colin y SATKOWSKI, Leon: *La arquitectura del siglo XVI en Italia. Príncipes, mecenas y ciudades*, Barcelona: Reverté, 2013, p. 94

9.8. De CARTER, Peter: *Mies van der Rohe trabajando*. London: Phaidon Press Limited, 2006, p. 26

9.9. De CARTER, Peter: *Mies van der Rohe trabajando*, London: Phaidon Press Limited, 2006, p. 82

9.10. De CARTER, Peter: *Mies van der Rohe trabajando*, London: Phaidon Press Limited, 2006, p. 83

9.11. De BLANCO, Manuel: *Campo Baeza, light is more*, Madrid: T.F. Editores, 2003, p. 115

9.12. De CAMPO BAEZA, Alberto: *Alberto Campo Baeza. Idea, light and gravity*, Tokyo: Nobuyuki Endo, 2009, p. 87

9.13. De CAMPO BAEZA, Alberto: *Alberto Campo Baeza. Idea, light and gravity*, Tokyo: Nobuyuki Endo, 2009, p. 218

11.1. Reproducida de una postal turística

11.2. Reproducida de una postal turística

14.1. De MILLON, Henri A.: *Italian Renaissance architecture: from Brunelleschi to Michelangelo*, London: Thames and Hudson, 1996

14.2. De LETAROUILLY, Paul Marie: *Édifices de Rome moderne ou Recueil des palais, maisons, églises, couvents, et autres monuments publics et particulaires les plus remarquables de la ville de Rome*, Paris: Typographie de Firmin Didot Frères, 1840-1857

14.6. De LETAROUILLY, Paul Marie: *Édifices de Rome moderne ou Recueil des palais, maisons, églises, couvents, et autres monuments publics et particulaires les plus remarquables de la ville de Rome*, Paris: Typographie de Firmin Didot Frères, 1840-1857

*14.7. Dibujo del autor sobre una imagen LETAROUILLY, Paul Marie: *Édifices de Rome moderne ou Recueil des palais, maisons, églises, couvents, et autres monuments publics et particulaires les plus remarquables de la ville de Rome*, Paris: Typographie de Firmin Didot Frères, 1840-1857

*14.9. Dibujo del autor sobre una imagen LETAROUILLY, Paul Marie: *Édifices de Rome moderne ou Recueil des palais, maisons, églises, couvents, et autres monuments publics et particulaires les plus remarquables de la ville de Rome*, Paris: Typographie de Firmin Didot Frères, 1840-1857

14.10. De BRUSCHI, Arnaldo: Bramante, Bari: Laterza, 1973

*14.12. Dibujo del autor sobre una imagen sacada de BRUSCHI, Arnaldo: *Bramante*, Bari: Laterza, 1973

14.13. Reproducción del cartel anunciador del Convegno Ispano-Italiano di Architettura "100 años aprendiendo de Roma", Real Academia de España en Roma, 2010

Nota a la procedencia de las imágenes:

Las ediciones de los libros que se citan son las manejadas y de las que se han escaneado directamente las imágenes; lo cual no quiere decir que sean las primeras ediciones en original ni en castellano.